JN319802

本物のダイエット

── 二度と太らない体のつくり方

佐藤義昭

講談社+α文庫

はじめに

ニッポン総ダイエット国!?

今、日本は「肥満」という深刻な問題に直面しています。

40歳以上の男性の2人に1人が、女性は5人に1人が「メタボ（メタボリックシンドローム／内臓脂肪症候群）」、またはその予備軍と言われています。子どもたちでさえ、「小児メタボリックシンドローム」が問題になっていて、10人に1人が肥満というデータがあるほどです。

このままでは、高血圧や糖尿病といった生活習慣病の増加や若年化が進み、たいへんなことになってしまいます。

一方で、とくに女性たちの間で、見た目の美しさを手に入れたいという願望、いや欲求は、次第に強まっているようです。

男女問わず、年齢問わず、「ニッポン総ダイエット国」とでも呼びたいほど、多くの人たちが「痩《や》せたい」願望を抱いています。そして、その願望に応えるべく、テレビや雑誌では、ほぼ毎日のように、ダイエットの特集が組まれています。

ダイエットへの意識や関心が高いことは、とてもいい傾向だと思います。

しかし、それはあくまで「痩せる=健康になる」という定義ならば、の話。

私には、どうしてもそうは思えません。痩せて健康になるために行っているはずなのに、じつは、多くの人たちが実際に痩せないどころか、どんどん不健康になっています。

なぜなら、今、行われているダイエット法は、間違いだらけだから。

それが証拠に、一時はみんなが飛びついてやってはみるものの、思いどおりの効果が得られないために、その方法はすぐに廃《すた》れてしまうでしょう？　数えきれないほどの方法が、こうして生まれては消えていったはずです。こうして間違ったダイエットを繰り返すうちに、次第に体のバランスがくずれ、健康を害しているということを、はっきりと自覚すべきです。

自分が実験台。試行錯誤でつくり上げた本物の体

現在、私は、加圧トレーニングの発明者として、日々、加圧トレーニングの研究開

発や指導にあたっていますが、ここに至るまで、人生のほとんどを、体づくりのために費やしてきました。

幼いころ、虚弱体質だった私は、ことあるごとに病気をしていました。偏食が激しく、野菜も肉も食べられない。当然のことながら、体は華奢《きゃしゃ》で、腕立て伏せも腹筋もまともにできませんでした。だからでしょう、性格も引っ込み思案で、いつも教室の隅っこにいるような目立たない生徒でした。

ところが、中学一年生のある日、私は偶然、テレビでボディビルの大会の映像を目にしたのです。これが、いわば、私の運命を変えた瞬間。ボディビルダーの鍛え抜かれた体に釘づけになり、人間の筋肉はここまで鍛えられるものなのかと、感動しました。もし、こんな筋肉をもてたら、どんな人生が待っているのだろう？　私もあんな体になってみたい。そう、強く願うようになったのです。

その日から、トレーニングに明け暮れる日々が始まりました。

とはいえ、当時は、ボディビルの指導者はおろか、それに関する本さえもない時代。スポーツジムも、ほとんどありませんでした。自力でトレーニングをするしかありません。コンクリートで自家製バーベルをつくり、自己流のウェイトトレーニング。テレビで見た映像の記憶を頼りに、見様見真似でひたすら体を鍛えました。そのうち、いつのまにか、食事の好き嫌いがなくなり、虚弱体質を克服し、苦手だった体育が得意科目になりました。

変わったのは体だけではありませんでした。自信が生まれたからでしょう、あれだけ内向的だった性格が、明るく積極的に生まれ変わったのです。

体を鍛えたいという私の意欲は、並大抵のものではありませんでした。大学に合格したときには、父親に頼み込んで自宅の庭に小屋をつくってもらい、これまた自己流で小さなホームジムをつくってしまったほど。

いつしかその「サトウジム」が近所で話題となり、私の筋肉のつき方に興味をもった人たちが「トレーニングを教えてほしい」と、集まってくるようになりました。そうこうしているうちに、「佐藤義昭流」が世間に認められ、いつの間にかジムの経営者となり、1972年には、念願のボディビルの大会初出場を果たしました。

加圧トレーニングは、そんな自己流が生んだ画期的なメソッドです。

高校3年生の秋、法事のためにお寺で正座をしていたときのこと。ひどい脚のしびれに我慢できなくなって、脚をくずし、ふくらはぎをもみながら、はたと気づいたのです。

「このふくらはぎの張り具合は、何かに似ている……そうだ！　カーフレイズで猛烈に追い込んだときとそっくりだ」

カーフレイズとは、かかとを上げてつま先立ちになり、数秒間キープしたあと、かかとを下ろす、というふくらはぎの筋肉を鍛えるトレーニングです。そのときの感覚に似ていると思ったのです。

正座をして脚を圧迫することで血流が減少する。人為的に血流を減少させて負荷をかければ、正座のしびれと同じ効果が得られるのではないか。つまり、筋肉を圧迫することでパンプアップする（筋肉が緊張して大きくなる）のではないか、と考えたのです。

さっそく、実験。柔道の帯をふくらはぎに巻くことから始め、きつく締めたり緩めてみたり。位置もさまざまに変えてみたところ、大腿部《だいたいぶ》のつけ根に近いところを圧迫するのがもっとも効果を得られることを発見しました。さらに、ズボンのベルトや紐《ひも》、ロープなどすべてを使って試してみたところ、ゴムでできたチューブが最適だということも。

この発見に興奮し、夢中になって、無謀とも言えるトレーニングを続けているうちに、日常生活でも脚のしびれが止まらなくなりました。そしてほどなく、肺が苦しくなり、病院に運ばれてしまったのです。

医者は私の話にあきれ、「このままでは死ぬ」とさえ言いました。その後も、3回ほど病院に運ばれる騒ぎを起こしながら、とにかく自分で納得がいくまで試したいとの思いから、試行錯誤を繰り返したのです。

まさに、自分の体が実験台。どれほど危険なことをしているかを医者に指摘されようとも、ひるむことなくさまざまなことを実践しました。一度や二度ではわからないので、ひとつの可能性を少なくとも1年間は試し、効果があるのかないのか、どれくらいの変化が認められるのかなど、細かく検証してきたのです。

結果、「奇跡のトレーニング」と言われる加圧トレーニングのノウハウ確立に至りました。現在では、その有用性と安全性が認められ、日本をはじめ世界各国で特許を取得。スリランカでは、「高度先進医療」としての加圧トレーニングの研究開発プロジェクトが進められることになり、そのための「加圧国際大学」が設立されました。

また、今年（2014年）1月、アメリカのハーバードメディカルスクールに「加圧リサーチセンター」という加圧トレーニング専門の研究機関が設立されました。この機関では、ハーバードメディカルスクールの16の関連医療機関と連携をとり、医療、予防医学、健康、スポーツパフォーマンス向上など、さまざまな分野における加圧トレーニングの研究が進められる予定です。さらに、アメリカの陸海空軍の軍人に予防医療とトレーニングの目的で加圧トレーニングを導入することが決まりました。これほどまでに、広く世界に認められるメソッドになったのです。

しかし、私がもし、他人の言うことを鵜呑《うの》みにする性格だったら、失敗や危険を恐れ、すぐにあきらめる性格だったら……？　加圧トレーニングはこの世に存在しませんでした。

すべてがこの調子ですから、常に私は、健康で美しい体をつくるために何をしたらいいのかを考えてきました。ダイエットに関しても、誰かの真似をするのではなく、自分の体を使って試して納得して、「本物」を見つけてきたのです。

いいとされる情報も、正しいとされる理論も、自らの体で証明できなければ信じない。大失敗も幾度となく経験しましたが、そうでなくては見えなかった「嘘《うそ》」と「真実」があります。

誰もが渇望している本物のダイエット

そんな私だからこそ、今、世間で行われているダイエット法の多くが「偽物《にせもの》」であることに改めて警鐘を鳴らしたいと思います。

そして、本来の目的である、「健康な体になる」ための本物のダイエットを紹介します。

今回は、加圧トレーニングなしで体を変えることを目的に、「ダイエットのスタンダード」を一冊にまとめました。

加圧をすれば、さらに効率的に理想の体を手に入れることができるでしょう。

健康な体には、余分な脂肪は必要ない。健康な体には、鍛え抜かれた筋肉がある。健康な体こそが美しいのです。

また、私自身、肉体を改造することによって、精神を改造することができました。肉体の若さは精神の若さ。肉体の美しさは精神の美しさ。肉体をコントロールすることにより、精神もコントロールできるものです。

断言しましょう。

3ヵ月、この本に書いてある方法を着実に実践すれば、あなたの体は必ず変わります。単に痩せるだけでなく、知らず知らずのうちに、健康な体になっているはずです。

そして、3ヵ月がたっても、目標を達成しても、ずっとその生活を続けてください。そうすれば、一生、健康で美しい体でいられるでしょう。

ダイエットの失敗を繰り返してきた人にこそ、手にとってほしい。ダイエットの「終着点」がここにあるのですから。

佐藤義昭《さとうよしあき》

本物のダイエット　二度と太らない体をつくる　◎目次

第二章　佐藤義昭流、本物のダイエットの法則

第三章　痩せるための本物の栄養学

第四章　体をデザインするための本物の運動学

第五章　誰も語らなかった、栄養と運動の関係

第一章　ダイエットの「嘘」を正す

「嘘」のダイエットが不健康にしている

空前のダイエットブームと言われて久しい昨今、テレビや雑誌で、日々新たな方法が紹介されています。食材や栄養素にフォーカスをあてたもの、目新しいエクササイズ、使うだけでいいというマシーンや化粧品……数えきれないほどのダイエット法を見たり聞いたりしてきました。

今まで52年間という長きにわたって、「健康で美しい体づくり」をテーマに生きてきた私は、何が本物のダイエットなのかをずっと追求してきました。世間でいいと言われる方法を試したり、自分の勘で「これ」と思ったものを試したりと、自身の体で「実験」を繰り返してきたのです。

また、職業柄、運動指導をする中で、ダイエットに関心をもつ多くの人と触れ合ってきました。その中には、数々のダイエット法を試して失敗し、それまでよりもさらに太ったり、健康を害したりしている人たちとの出会いもありました。

本来なら、痩せてその人の理想の体へと近づけるためのダイエットであるべきです。それなのに、いったいなぜ、こんなことが起こるのでしょう？

多くの失敗も含め、さまざまなことを体験した私には、世の中に広まっているダイエット法の多くに「嘘」が隠されている気がしてなりません。そんな私だからこそわかる「嘘」があると思うのです。

今のダイエットには、実際には痩せないものばかりか、健康を脅かす可能性のあるものさえも、まことしやかに横行している始末。このままで、本当に危険ではないのか？　本物の美しい体が手に入らないだけでなく、病気になってしまうのではないか？　と思うのです。今すぐ、なんとかしなくては……！

ダイエットの「真実」を知るには、まず、ダイエットの「嘘」を知ることから。

ここでは、今、私が感じている疑問のほんの一部を紹介します。

「理想の体の定義」の嘘

まず、ダイエットをして目指したい理想の体の定義自体が、間違っていると言わざるをえません。

理想の体とは、男性は脂肪が少なく、鍛え抜かれた筋肉をもっていること、一方、女性は適度に脂肪もありながら、美しくシェイプされた筋肉をもっていること。

でも、忘れてはいけないのが、男女問わず、**健康であることが第一条件**だということです。とくに若い女性たちにその傾向が見られるようですが、見た目ばかりを気にして、本当の意味での「美しさ＝健やかさ」という真実に気づいていない気がするのです。じつはこれはとても危険なことです。

女性たちが憧れているタレントにしてもモデルにしても、確かに見た目はスレンダーで、とても美しいかのようですが、じつは筋肉がほとんどないという人が多いのではないかと思います。これでは、決して健康な体とは言えず、見た目の美しさが長続きしないことも考えられます。

また、「メタボ（メタボリックシンドローム／内臓脂肪症候群）」という言葉がメジャーになったために、男性たちも、とにかく脂肪を落とすことばかりに目を向けているのが現実でしょう。しかし実際には、不健康なダイエットをしているという事実に気づいていないのではないかと思うのです。

一方で、ごく一部の若い女性たちに「筋肉を嫌う」傾向があるからでしょうか、それを真に受け、若い男性たちの間に、筋肉のない、より「中性的な体」を求めている人が少なからずいるのも否めません。

断言しましょう。

健康を語るに、筋肉の存在はなくてはならないもの。脂肪を敵対視するあまりに、筋肉という存在の重要性を忘れていることに、私は矛盾を感じてならないのです。のちほど詳しく述べますが、ダイエットという視点で言えば、筋肉がないと、脂肪を分解、燃焼しづらくなります。

しかし、それ以上に自覚してほしいのは、健康面での危険性。**脚や腕など目に見えている筋肉のみならず、心臓や胃など内臓もすべて筋肉でできているということを忘れてはいけません。つまり、見た目の筋肉をないがしろにするのは、内臓をも自ら弱めているようなもの。こんなに恐ろしいことはないのです。**

理想の体をつくるには、まず健康になること。もう一度その原点に立ち返ってほしいと思います。

「運動で痩せる」の嘘

痩せるためには、何より「運動」をしなくてはならない……それが今、「常識」とされています。果たしてこれは、真実なのでしょうか？

答えはノー。**運動だけで痩せるのは難しい**と思います。

わかりやすく説明しましょう。

42・195キロメートルを走るフルマラソン。普通の人にとっては想像を絶する運動量で、誰にでもできることではないはずです。ところが、それほどの運動をして消費されるカロリーは、なんと3200キロカロリー程度。「えっ!? たったそれだけなの？」と驚かれた方が多いことでしょう。しかし、それが真実なのです。

ましてや、ジムに置いてあるエアロバイクなどでのトレーニングをしたところで、消費カロリーはせいぜい20キロカロリー程度と微々たるもの。実際にこのようなトレーニングを行っている人たちはよくおわかりでしょう。

体脂肪を1キログラム落とすのに7000キロカロリーの消費が必要と言われてい

ますから、運動で使われるカロリーがいかに少ないか、運動で体脂肪を落とすのがいかに難しいか、ということがわかるはずです。

もっと専門的な話をしましょう。食事で摂《と》った栄養のうち炭水化物は、消化・吸収されて血中にブドウ糖として取り入れられ、筋肉に蓄《たくわ》えられます。まずそれらが、体を動かすエネルギーとして真っ先に使われます。

また、炭水化物の一部はグリコーゲンとして肝臓に蓄えられます。肝臓には最大でおよそ800グラムのグリコーゲンを蓄えることができます。グリコーゲン1グラム＝4キロカロリーですから、換算すると3200キロカロリーが「予備」の熱量としてプールされているということになります。そして、エネルギーとして消費されず余ったブドウ糖は、中性脂肪として内臓や皮下に蓄えられるのです。

つまり、基礎代謝や運動でまず使われるのは、血中のブドウ糖。その次に、肝臓に蓄えられた予備のグリコーゲンが使われ、それを使いきって初めて、内臓脂肪、皮下脂肪の順に使われるという仕組みになっているのです。

要するに、**血中のブドウ糖をエネルギーとして使いきった状態で、たとえフルマラ**

ソンを走ったとしても、肝臓に蓄えられた予備の熱量3200キロカロリーが使われるにすぎないということ。内臓脂肪や皮下脂肪の燃焼までは、とうてい追いつきません。脂肪を分解・燃焼するのは、それほど困難なことなのです。

「痩せる＝脂肪を燃焼させる」と定義するなら、はっきり言って、運動だけでは無理です。食事、もっと言えば栄養の摂り方を工夫しなくては、運動の意味がなくなってしまうことにもなりかねないと、認識しておくべきでしょう。

しかしながら、運動をしなくてもいいと言っているわけでは決してありません。正しい知識をもったうえで運動しないと、無意味になってしまうどころか、健康を害してしまう可能性だってあるということを知ってほしいと思います。運動と食事のバランスで体をつくること、それがダイエットなのですから。

「食事だけで痩せる」の嘘

運動だけでは痩せないと述べましたが、一方で「食事だけで痩せる」という方法にも甚《はなは》だ疑問を感じます。

食事を減らせば摂取カロリーが減りますから、体重が減るというのは事実です。ただこれは、たとえるなら「病気」の人の痩せ方。病気になると、正常な食欲がわかなかったり、食事を受けつけなかったり、栄養を吸収できなかったりするために、痩せるでしょう？　同時に、病気のために、体を思うように動かすことができず、運動ができないから筋肉がどんどん落ちてしまう。それと同じことをしようとしているのだと、気づいてほしいのです。

食事制限だけで運動をしないダイエットでは、脂肪のみならず筋肉が減ります。すると、代謝が落ちて、痩せにくい体になるのです。

病的な痩せ方は、果たして美しいと言えるのでしょうか？　今一度ダイエットの意味を考え直すべきだと思います。

「体重という基準」の嘘

さらに、危険だと感じるのは、「痩せる＝体重を減らす」という短絡的な考えです。テレビや雑誌で声高に言われている「私は○キロ痩せました！」とか「1ヵ月で○キロ痩せる方法」などという表現が、とても気になるのです。

結論から言うと、体重が減ったところで、必ずしも脂肪が減ったとは言いきれません。それどころか、実際には脂肪が増えていて、筋肉が減っていたというケースだってありうるのです。じつのところ、筋肉を落として痩せた気になって喜んでいる、それが今のダイエットの実状と言えるのかもしれません。

左ページの写真を見れば、一目瞭然でしょう。上が筋肉、下が脂肪の模型。どちらも重量は5ポンド（約2・27キログラム）。それなのに、見た目はこんなにも違う。体積にすると、脂肪は筋肉のなんと2・7倍もあるのです。逆に言えば、同じ体積なら、筋肉は脂肪よりもずっと重いということです。

上は筋肉、下は脂肪の模型。どちらも重量は同じ5ポンド（2.27kg）なのに、体積にすると、脂肪は筋肉の2.7倍。

現在行われているダイエット法は、体重を基準に「成果があったか否か」を判断している傾向にあります。しかも、「短期間でどのくらい体重を落とせるか」が、そのダイエット法の真価のように語られています。

しかし考えてみれば、体重を一気に減らすということは、よほどの食事制限をしないと無理です。ところが、**口から食べ物を入れない状態が続くと、体は防衛本能からエネルギーを使わないようにします。つまり、本来減らしたいはずの脂肪は分解・燃焼しづらくなるのです。**

同時に、**極端な食事制限は、運動をするためのエネルギー源も奪ってしまいま**

す。そうすると、美しい体をデザインするためにも、そして脂肪を減らすためにも不可欠な筋肉をつくることができません。

つまり、**短期間で体重を減らすダイエットでは、脂肪よりも筋肉を減らしている可能性が高い**のです。

脂肪と筋肉の重さの違いを知れば、わかるはずです。筋肉が減らなければ、そんなに短期間に体重を落とすことなんて不可能だということを認識しましょう。

脂肪を減らすためには、筋肉が必要です。脂肪分解の「スイッチ」にあたるのが「成長ホルモン」であり、その分泌に筋肉が大きく関わっているからです。

体重を気にするあまり、筋肉を減らしてしまっているとすれば、それはすなわち、**自ら痩せにくい体をつくっている**ことに等しいのです。

体重より、むしろ体脂肪を意識せよ。私はそう思います。

「カロリー神話」の嘘

健康志向からか、ダイエットブームからか、現代は、「カロリー・コンシャス」な時代です。コンビニエンスストアで売られているスナック菓子にも、ファミリーレストランのメニューにも、今や「カロリー表示」は当たり前。もちろん、それ自体はとてもいい傾向だと思いますし、ダイエットや健康をきちんと気遣っている人にとっては、かなり役立つ情報に違いありません。

ただ、それだけに振り回されてしまうのは、いかがなものでしょうか？　摂取カロリーを抑制しているからといって、健康になれる、ダイエットしている、と思い込むのは大間違いです。

確かにカロリーは、目安にはなります。

しかし、その人がどんなライフスタイルなのかによって、消費するカロリー、つまり必要な摂取カロリーはまったく異なります。ライフスタイルばかりでなく、体質によっても、必要なカロリーは違ってくるでしょう。また、欧米人と日本人では、吸収のしかたが異なるのは当然のこと。「同じものを同じだけ食べても、あの人は痩せているのに、なぜ私は太るの？」などという疑問が生まれるのは、そのためです。

さらなる盲点があります。それは、**同じカロリーでも、何で摂るのか、どう摂るのか、いつ摂るのかによっても、体の脂肪のつき具合はまったく違う**のです。

たとえば、同じカロリーでも、タンパク質か炭水化物か、はたまた脂質なのか。鶏の唐揚げで摂るカロリーか、ご飯で摂るカロリーか、ショートケーキで摂るカロリーか。しかも、朝食で摂るのか、夜眠る直前に摂るのか……。同じカロリーとして表記されても、消費のされ方や消費されるのにかかる時間はまったく異なります。つまり、摂取したあと、どのように消費されるのかを考えないで、カロリーだけを意識しても意味がないということなのです。

同じカロリーを摂取しても、太る人とそうでない人がいる。それはまさに、吸収のしかたや消費のしかた、基礎代謝（生命維持のために必要なエネルギー代謝のこと）、何時に食事を摂るか、どのような形で食べるか、運動をしているかなど、その人のライフスタイルによってさまざまだからなのです。

カロリーはあくまで目安にすぎないということを、まずは理解してください。今こそ、「カロリー神話」のまやかしから解き放たれるべきときです。

「有酸素運動で痩せる」の嘘

今、空前のブームとなっているのが、ランニングです。特別な運動能力が必要とされず、誰でもできること、道具がなくてもでき、お金がかからないこと、景色が変わって気持ちがいいこと……など理由はさまざまでしょう。でも、何より「有酸素運動で脂肪を燃焼させる」との理論がブームを定着させたのではないでしょうか。

断言しましょう。

驚かれるかもしれませんが、じつは有酸素運動では、脂肪は燃焼しません。厳密に言うと、**有酸素運動「だけ」では、脂肪は燃焼しない**のです。そこにはちょっとしたトリックが隠されています。

脂肪を「燃焼」させるとひとくくりに語りますが、その前に踏まなくてはならない

「段階」があります。**脂肪は「分解」されて初めて、「燃焼」させることができる**という仕組み。脂肪はまず脂肪酸とグリセリンに分解され、それから遊離脂肪酸に形を変えることによって、燃焼されるのです。

脂肪を油にたとえて言うと、「重油」みたいなものです。そのままだとどろどろとしていて、燃やそうとしてもうまくいかない。まずは「灯油」のようにさらさらの状態に変えてからでないと、燃えません。脂肪を「灯油」のように燃えやすい状態に変えるのは、無酸素運動である筋トレです。

脂肪が分解されたこの段階になって初めて、有酸素運動は効力を発揮できるもの。つまり、有酸素運動は「灯油」を燃やすことはできるけれど、「重油」を「灯油」に変えることはできないというわけなのです。

ところが、有酸素運動を行えば、分解も燃焼もなされるように誤解されているのではないでしょうか？　ダイエット目的でランニングやウォーキングに励むのは、いきなり「燃焼」という段階ばかりに力を入れているに等しいと思います。これでは、いつまでたっても思うように脂肪は燃焼しません。まずは「分解」をしなくてはならないという事実を知りましょう。

「汗をかく＝痩せる」の嘘

「汗をかく＝カロリー消費＝痩せる」と思い込んでいる人は、とても多いのではないでしょうか。

有酸素運動をしてサウナに入って、たっぷり汗をかいて……。

実際、ボディビルダーはこのような方法を「水抜きダイエット」と呼んでいます。水抜きダイエットとは、一気に摂取カロリーを落としながら、運動量を増やすもの。しかも筋肉をつけるための運動ではなく、サウナやエアロビクスなどの有酸素運動で汗をかいて、消費カロリーを増やすやり方です。無理を覚悟で、急激な減量を狙わなくてはならないときにとる方法なのです。

これは、決して真似をしてはいけない危険なものであり、本来の意味での「痩せる」とか「美しく健康になる」とかとはまったく別物であると理解してください。

私の失敗例について、詳しくお話ししましょう。

17年ぶりに出場することになったボディビルのコンテストを3ヵ月後に控え、急激に体重を落とそうと「水抜きダイエット」を行いました。夏の暑い時期だったのですが、サウナスーツに身を包んで、首にはタオルを巻き、一日中「サウナ状態」にして過ごしたのです。そして、汗をかいたら着替える、また汗をかいたら着替える、を何度も繰り返して、とにかく、かけるだけ汗をかきました。

そして、87キログラムくらいあった体重を3ヵ月で66キログラムまで落としました。3ヵ月という短期間で21キログラム、1ヵ月あたり7キログラムの減量。確かに数字的には成功したかのようでした。

でも、実際に汗として体外に出ているのは、筋肉に含まれる「水分」です。発汗して消費カロリーを増やすと、実際には筋肉内の水分が汗として排出されてしまうのです。もちろん、摂取カロリーもコントロールしていますから、脂肪も落ちてはいますが、得られたのは決して理想の体ではありませんでした。

意外かもしれませんが、筋肉の70パーセント以上は、水分で満たされています。この水抜きダイエットのように、**無理やり体から汗を絞り出す方法は、じつは筋繊維の**

水分を抜いているのです。

つまり、栄養を摂らないで、筋肉の水分を出し続けるのですから、結果は、栄養失調的な痩せ方しかしません。筋肉を発達させるどころか、**筋肉を痩せさせて退化させているという、無謀なやり方なのです。また、筋肉のみならず、肌もハリを失ってだらりと伸びた状態になり、何歳も老けたような印象になってしまう**でしょう。

とくに女性たちの間で、「私は『水太り』だから、汗をかいて痩せなくちゃ」などという声があるようですが、そもそも「水太り」なんてものは存在しません。筋肉は70パーセント以上、血液は90パーセント以上が水分。水分を落として痩せようなんて、こんなに危険なことはないですよね？

落とすべきは水なんかじゃなくて、脂肪。根本を忘れてはいけないのです。

「サウナで痩せる」の嘘

サウナも、痩せるためにとても効果的なメソッドのように言われます。確かに、体温を上げて発汗させるのですから、代謝アップには有効。だからといって、「サウナ

＝痩せる」と決めつけるのは、あまりに危険なことです。

前項で紹介した、私の無理なダイエットのエピソードには、続きがあります。

3ヵ月という短期間減量を目標に「水抜きダイエット」をしていた私は、そのころ、一日あたりおよそ2時間という時間をかけてサウナを利用していました。サウナに5分入っては水風呂でクールダウンし、またサウナに入るという、サウナに出たり入ったりを10回ほど繰り返していたのです。

極限まで汗を絞り出すことで、とにかくつじつまを合わせようと、サウナでの極端な減量を試みたのです。

ところが、確かに減量自体は成功し、目標を達成することができたのですが、筋肉はしぼみ、げっそりとした状態になってしまいました。免疫力も下がって、風邪を引きやすくなってしまったのも事実です。

それはなぜなのでしょうか？

サウナでは、汗という形で「水分」だけが絞り出されるように見えますが、それは大きな間違い。汗の中には、じつは人間にとって大切なナトリウムやカリウムなどミネラル分が含まれていて、それをも無理やり絞り出しているのです。

つまり、私は**体にとって必要な栄養までも奪っていた**ということです。

私のようなケースはかなり極端だと思いますが、減量のためにサウナを利用している人は多いと思います。やりすぎがいかに体にダメージを与えるかを知ったうえで、決して無理はしないでください。水風呂などでクールダウンしながらの5〜6分を1回と考えて、せいぜい一日1〜2回程度に抑えましょう。

サウナの危険性をきちんと理解したうえでうまく利用してこそ、ダイエットに効果的であるということを、肝《きも》に銘《めい》じてください。

「ブーム」の嘘

懐かしいところで言えば、「痩せる石鹸」の存在を覚えていますか？　一方、記憶に新しいところでは、1週間で痩せるという、激しいトレーニングプログラムのDVDが飛ぶように売れたこともありましたね。

でも、今、それによって健康や美を手に入れ、キープしている人はどれだけいるでしょうか？　甚だ疑問を感じます。

塗るだけで痩せるなんてことがもしありうるとしたなら、これほど危険なことはないと思います。

人間の体には本来、防衛機能が備わっていて、皮膚からは吸収しにくくできています。そうでないと、たとえばお風呂に入っただけで細菌が体内に入り込むということだって起こりうるでしょう。だから、石鹸の成分が浸透して、しかも脂肪に働きかけ、分解・燃焼させるなんてことはありえないのです。

一方、1週間で痩せるという激しいトレーニングプログラムは、運動能力がきわめて高い人には効果があるかもしれませんが、たいていの場合、激しすぎて実践するのが難しいと思います。エクササイズをきちんとこなせなければ筋肉はつかないし、成長ホルモンも分泌されません。そもそも、1週間という短期間で痩せるほど運動で脂肪を分解・燃焼させることは、はっきり言って無理です。

もし、その方法が「本物」ならば、逆に「ブーム」とは呼ばれないのかもしれません。なぜなら、ブームとは一時的な話題を呼ぶだけのものだから。本物は静かにじっ

くり効果を現し、徐々に定着して長く残るものだからです。

痩せたい気持ちが強い人に限って、数々のブームに踊らされてしまいます。でも、実際に試したものの効果が出なかったり、そのときはたまたま体が反応して体重が減ったとしても、また元に戻ったり、体の他の部分に影響が出たり、ひどい場合には健康を害したりして、やめてしまう場合がほとんどではないでしょうか。そして、これを試したけれどダメだったから、次はこれ、といった具合に、ブームからブームへと渡り歩くのです。

一見地味に見えるものこそが継続するに値するもの。**継続してこそ、結果が現れる**ということを知ってほしいと思います。

「部分痩せ」の嘘

「おなかだけ引っ込ませたい」「二の腕が細くなればいいのに」「お尻の下のたるみをとりたい」……誰しも、思いどおりに体をデザインできたらという願望を抱いていることでしょう。世間的には、そんな願望がまるでかなえられるかのように、「部分痩せ」が可能だと言われています。

断言しましょう。

部分痩せ、すなわち部分的に脂肪を減らすことは、不可能です。**基本的に、脂肪は体全体につくもの。**逆に言えば、**減るときも全体的に減る**ということです。

しかも、体全体とはいえ、**脂肪が全身から「均一」に落ちていくわけではない**というところに、さらなる落とし穴があります。

脂肪が落ちるのは、胸、背中、顔、腕、脚、お尻、おなかの順。骨格のある部分の脂肪は落ちやすく、骨格のない部分の脂肪はなかなか落ちません。残念なことに、痩せたいと思っている部分は、最初に脂肪が落ちる部位ではないことのほうが多いのです。女性で、ダイエットをしたら胸が最初に小さくなったという人も多いのではないでしょうか？　これでは、体重は減ったとしても、自分が目指す体型とはまったく違うものになってしまうのですから、理想のダイエットとは言えません。

したがって、ブームに踊らされて、偽物のダイエットを繰り返すことがいかに危険なことかわかりますよね？　つまり、落としたいところの脂肪が落ちないままにダイエットをやめてしまう。その次のダイエットへと心変わりして、落ちなくてもいい脂肪が落ちた段階でまたやめてしまう……どんどん体型のバランスがくずれ、理想の体を自ら遠ざけているということだって起こりうるのです。

それでは、自分で体をデザインするのは無理なのでしょうか？　いえいえ、早合点してはいけません。筋肉は、自らの意思で形づくることが可能です。「脂肪を全体的に減らす」ことを行いながら「筋肉を自在に形づくる」ことを同時に行うこと。それが美しい体をつくる方法なのです。

「ダイエットの常識」の嘘

「三度の食事を規則正しく食べるべき」「夜9時以降に食べると太る」など、いわゆる「ダイエットの常識」があります。

確かにある意味、正しいと思います。でも、言葉だけをとらえて、それだけを実践していれば痩せるのかと言えば、答えはノーです。

たとえば、三度の食事を規則正しく食べていても、朝食が午前10時で昼食が午後1時、夕食は午後9時だとしたら、どうでしょう？　朝食と昼食の間の時間が短すぎるために、朝食を消化できないうちに、昼食を胃に入れてしまうことになります。すると、慢性的な消化不良を起こしているかもしれません。逆に、昼食と夕食の間があきすぎているために、エネルギーを使わないように、脂肪を代謝しないようにと脳が指令する。つまり、脂肪を燃焼しにくい体になるのです。そして、夕食時は体が猛烈に吸収しようとして、栄養を余分に摂り込み、脂肪を蓄積してしまうのです。それに、空腹の時間が長すぎると胃酸が胃壁を傷めてしまい、胃潰瘍《いかいよう》などの病気を招いてしまう可能性だってあります。

また、午後9時以降は一切食べなくても、その直前にドカ食いをして午後11時に就寝したとしたらどうでしょう？

これでは、食べてから寝るまでにせいぜい2時間しかありません。食べたものを消化するのには、最低でも4時間を要します。本来は、食べてから寝るまでに6時間はあけるのが望ましい。それなのに、この時間では、胃の中にものが残った状態で眠ることになります。その分、余分なカロリーとして体に蓄えられ、太ってしまうのです。

そればかりか、本来、胃を休める時間であるはずの睡眠中に食べ物を消化しなくてはならなくなりますから、当然胃には負担がかかり、消化器系の病気の引き金になります。さらには、睡眠中は消化機能が低くなりますから、消化に時間もかかる。こんな食生活を長く続ければ、痩せないどころか、間違いなく健康を害してしまうでしょう。

真実を理解して、本当の意味で正しい知識を身につけないと、病気になってしまいます。「痩せたけれど病気になった」では、本末転倒。本当の正しいダイエットを知りたいと思いませんか？　それがいかに地味なものであったとしても。

第二章　佐藤義昭流、本物のダイエットの法則

誰にでも効果のあるダイエット、不変の法則

第一章を読んで、信じていたことが「嘘」とわかって、愕然とした人も多いのではないでしょうか？　今まで効果が出なかった、長続きしなかった、一度は痩せてもリバウンドした……そんな経験がある人は、おそらく痩せるはずだと頼ってきた方法に「嘘」があったに違いありません。

加圧トレーニングをしたいと訪ねてくる人の中には、それまで幾度となくダイエットに失敗し、実際には痩せられなかった人、よけいに太ってしまった人が多くいます。また、ひどいケースでは、間違ったダイエットをしたがために、肩凝りや腰痛、膝痛、ひどい場合には肝機能障害、さらには深刻なうつ病など、体や心をこわしてしまったという人たちも見受けられます。

これは、本当にたいへんなこと。今なお、「嘘」が世間に広まっていることを思うと、とても心配です。

どうか、「嘘」に惑わされないでほしい。本物を知って、健康に美しくなってほし

い。そんな願いを込めて、私がさまざまな「実験」の末にたどりついた、真実のダイエットについて、わかりやすくお話ししたいと思います。

これらはすべて、老若男女問わず、年齢や体型も問わず、今までもそしてこれからもずっと「不変」のダイエットの法則です。

健康になるために。美しくなるために。本物のダイエットの法則を知ってください。

法則1　栄養：運動：休養＝80：15：5という真実の比率

ダイエットや、運動や食事に対して高い意識をもつことは、もちろん素晴らしいことです。しかしながら、昨今は、テレビや雑誌などで誰かがいいと言えばすぐに飛びつくという、日本人ならではの傾向がとみに顕著になっている気がします。本物を知ること、そして自分に合った方法を見つけ、続けること……そのために、まずはこのような意識を改めなければならないと思います。

健康的にシェイプされた美しい体をつくるためには、栄養、運動、休養の3要素が不可欠です。このうちのどれが欠けても、健康を維持することさえできませんし、ましてや全身のバランスを理想的にすることなどできるはずがないのです。

さらに、**健康的な美しい体をつくるために必要なこの三本柱の理想的な比率は、栄養：運動：休養＝80パーセント：15パーセント：5パーセント。**

栄養が80パーセントを占めるというのは、もしかしたらみなさんにとって意外な数字かもしれません。ただ、極端な話をすると、運動をしなくても人は死にませんが、栄養を摂らなければ、たちまち人は死んでしまいます。栄養は、人間の生命維持に不可欠なもの。したがって、美しい体をつくるという意味でも、やはり栄養はもっとも重要な役割を果たすのです。

また、休養も同様。休養が足りないと、体は防衛本能を発揮し、エネルギーを消費しないようにするため、脂肪が減りにくくなります。また、筋肉を発達させる意味でも、休ませる時間を与えなければいけないのです。健康になるのが目的であるにもかかわらず、休養を上手にとれないことによって、病気を招いてしまう場合だってあります。

この三本柱を意識しないと、本物のダイエットは成立しないのです。

法則2　痩せたいなら、何はなくとも「筋肉」!

「痩せる」というと、どうしても「脂肪」ばかりに目を向けがちです。とにかく脂肪を減らしたい、落としたいと思うのが普通でしょう。

もちろん「痩せる＝余分な脂肪を落とす」ことに間違いはありません。

その「余分な脂肪を落とす」ために、私たちが知っておかなくてはならないのが、じつは「筋肉」の重要性です。

わかりやすく説明しましょう。

当たり前のことのようですが、筋肉がある人はまず、きちんと動けます。

たとえば、そこに階段があったとしましょう。筋肉があると、その階段を上ります。すると、それがれっきとしたエクササイズになって、筋肉が疲れ、乳酸がたまります。乳酸がたまると、交感神経が働いて、脳に信号が伝わり、視床下部から成長ホルモンが分泌されます。成長ホルモンは、いわゆる乳酸の「処理班」としての役割を果たすのです。そして全身のあらゆる細胞に働きかけて、アドレナリンやＩＧＦ－１（インスリン様成長因子／構造的、科学的にインスリンと似ており、ほとんどすべての人体組織や人間の母乳や唾液を含む液体に存在する物質で、積極的に細胞を健康な状態に維持し、細胞老化の進行を阻むとされている）など、いろいろな物質が分泌されます。これらは、人間の体が「戦闘態勢」にあるときに出る「兵隊」のようなもの。この状態がすなわち、「若い」状態なのです。

つまり、端的に言うと、「筋肉がある＝若い」ということ。

よく、「若ければ若いほど代謝がよく、食べても太りづらい」と言われますが、筋肉があれば、年齢を重ねても、それと同じような状況に置くことができるということなのです。

一方、筋肉が少ないと、どうなるのか？

まず、筋肉が少ないと、人は動けなくなります。そこに階段があったとしても、動けないから上れない。だから、階段ではなく、エスカレーターやエレベーターに乗ってしまうことになります。すると、階段を上るときのように筋肉を使わないわけですから、乳酸がたまることはなく、人を若い状況に置く成長ホルモンなどさまざまな物質は分泌されません。こうして、どんどん太りやすく老けやすい状態へと転がり落ちていく、「負のスパイラル」を招いてしまうのです。

では、なぜ、若い状態だと太りにくいのでしょうか？

中学生、高校生を思い浮かべればわかりやすいと思いますが、まず、若いと絶対的に運動量が多いと言えます。また、若いと成長ホルモンが潤沢に分泌されるために、脂肪を分解・燃焼させやすいのです。

ここで知っておきたいのが、基礎代謝の話。

基礎代謝とは、生命維持のために行われるエネルギー代謝のこと。何もせずにじっとしていても、体温を維持したり、呼吸・循環や中枢神経を正常に機能させたりなど、人は生きていくために、エネルギーを消費しています。そのために必要とされる最小限のエネルギーのことを基礎代謝と言います。

運動など体を特別に動かすことのほうがエネルギーを消費すると思いがちですが、

じつは**人が消費する総エネルギーのうち、60~70パーセントは基礎代謝が占める**と言われています。**基礎代謝量が多いほど、エネルギー消費量が多い**ということです。

そして、基礎代謝の中でもっともエネルギー消費量が多いのが、筋肉。ですから、**筋肉の量が多ければ多いほど基礎代謝量が多くなる**と言えます。

基礎代謝量は、成長するとともに増え続け、16~18歳をピークに、その後は徐々に減ってしまいます。個人差はあるものの、とくに40歳を過ぎたころから加齢による筋肉の衰えから、急激な下降線をたどるとも言われています。

つまり、基礎代謝という側面から見ても、**きちんと筋肉をつくらなくては、消費カロリーが少なくなる、すなわちエネルギーを蓄積しやすくなり、太りやすくなる**ということなのです。筋肉の量は「太る」「太らない」に、想像以上に密接に関係していることを認識しましょう。

ちなみに、背筋を伸ばしてまっすぐしゃんと立つということも、じつは腹筋と背筋という筋肉が支えているからできること。年齢を重ねて筋肉が衰えてくると、腰が曲がってくるのはそのためです。

また、筋肉には、内臓が外に飛び出すのを防ぐ役割があることを知っていますか？おなかがぽっこりと出た「メタボ体型」は、脂肪だけが増えてあんなふうになっていると思いがちですが、内臓を体の中に押し込むだけの筋肉がないから、内臓がだらんと飛び出しているせいでもあります。飢餓《きが》に苦しむ発展途上国の子どもたちが、全身ガリガリなのに、おなかだけぽこんと出ているのは、タンパク質が欠乏しているために筋肉をつくることができず、内臓を押さえ込めないからなのです。

筋肉がないと、中身のみならず、見た目も老けた印象になります。美しい体をつくることができないばかりか、早く老化を招いてしまうのです。

法則3 成長ホルモンがダイエットのカギ

最近、「成長ホルモン」という言葉をよく耳にするのではないでしょうか。テレビや雑誌などで、「成長ホルモンで若返る」「成長ホルモンで痩せる」などなど、夢のような見出しが躍っています。

ところで成長ホルモンとは、いったい何なのでしょう？

成長ホルモンとは、脳下垂体前葉《のうかすいたいぜんよう》から分泌されるホルモン。大きく分けて、体を成長させる、そして新陳代謝を活発にさせるというふたつの作用があります。文字どおり、成長期にもっとも多く分泌され、体の機能の発達を促進させます。筋肉の発達も成長ホルモンの働きによるものです。

最近の研究では、ほかにもさまざまな作用があることがわかってきました。

老化現象を遅らせる、免疫機能を強化する、脂肪を減少させる、骨密度を上昇させる、運動能力を向上させる、外傷や手術後の回復を早める、皮膚の弾力を増加させる……などなど、いいことずくめ。まさに「若返りホルモン」です。

成長ホルモンは、10代後半をピークとして、年齢を重ねるごとに急速に減少しますが、運動をすることによって、いくつになっても分泌を促すことができます。

そして、**成長ホルモンがもたらす「若返り」効果は、成長期を過ぎた大人にも現れる**と言われているのです。

つまり、成長ホルモンが一生出続けていれば、私たちは生きている限り、若い体でいられるということ。代謝のいい、健康な体でいられるということなのです。

言いかえれば、**成長ホルモンの分泌量を増やすように工夫をすることこそが、もっとも効率のいい、そして美しさを手に入れる「健康になるダイエット」ということ。**

これこそが、じつは、私が発明した加圧トレーニングの原理そのものなのです。

ただし、加圧トレーニングでなければならないと言っているわけではありません。法則2で触れましたが、筋肉が疲労したときにたまる乳酸が成長ホルモンを分泌させる役割を果たしています。**成長ホルモンを分泌させるには、とにかく筋肉を動かすこと。そして、動かせるだけの筋肉をつけることが大切です。**筋肉を動かす運動さえすれば、成長ホルモンは分泌されます。さらに、運動が激しければ激しいほど、その量は増えるのです。

ダイエットしたいなら、いや、健康で若く美しくいたいと願うなら、「成長ホルモン」へのアプローチを。それがひとつの結論です。

法則4 「痩せる」は栄養で、「デザインする」は運動で

第一章でお話ししたようなダイエットに関するさまざまな「嘘」が生じているのは、なぜなのでしょう？　理想の体を手に入れるとはどういうことなのか、そのために何をしなくてはならないか、そのどちらも、明確になっていないことが原因ではないでしょうか。

ただやみくもに「痩せたい」「おなかを引っ込ませたい」などと言いがちですが、それが実際には「体重を減らす」ことになったり「筋肉をなくす」ことになったりしている。理想とする体も、そのためにしていることも間違っているから、不健康になったり病気になったり、もちろん見た目にも美しくなかったりするわけです。

健康であることを大前提に、私たちが言うところの理想の体を手に入れるためには、ふたつのアプローチが必要です。

ひとつは理想的な状態まで「痩せる」こと。もうひとつは見た目を「デザインす

る」ことです。

まず「痩せる」。

「痩せる」とは「体重を減らす」ことではなく「余分な脂肪を減らす」ことです。**筋肉を減らさないで、脂肪だけを落としていく**こと。そのためには、「入れるカロリー」よりも「出すカロリー」を多くしなくてはなりません。

ところが、運動だけで「出すカロリー」を増やすことは、一般的な生活をしている限りかなり難しい。なぜなら、運動で使われるカロリーは想像以上に少なく、微々たるものだからです。

第一章で述べたように、たとえ42・195キロのフルマラソンを走ったとしても、消費されるカロリーは、3200キロカロリー程度。驚くほど少ないのです。

したがって、**「痩せる」ためには、栄養面で工夫をしなければいけません。**詳しくは後述しますが、要は、「入れるカロリー」にこだわらなくてはならないのです。それも、量を減らすという単純なことではなくて、質を考えなくては！　そうすれば、次第に脂肪を減らすことができます。

ただ、たとえばおなかの脂肪だけをとりたいといった具合に、部分的に脂肪を減らすのは、残念ながら不可能。

そこで必要となるのが見た目を「デザインする」ことです。**「デザインする」とは、体のメリハリや形をつくること。それは運動でしかできません。**

脂肪は、部分的になくしたり減らしたりすることは不可能です。

でも、筋肉のシェイプは、ある程度自分の意思でコントロールが可能。正しくトレーニングを行えば、筋肉をつけたいところにつけることができます。

それぞれのなりたい体に合わせた筋力トレーニングを的確に選んで、確実に続けていけば、思いどおりの体のメリハリや形をデザインできるということなのです。

「痩せる」は栄養で、「デザインする」は運動で。言いかえれば、「脂肪」は栄養で、「筋肉」は運動で。このようにシンプルに整理するだけで、やるべきことが明確に見えてきませんか？

法則5　「入れるカロリー＜出すカロリー」が真のダイエット

「摂取カロリー」と「消費カロリー」の関係性は、改めて言うまでもなく、みなさんご存じでしょう。

「取り入れるカロリー」が「使うカロリー」をオーバーしていれば、つまり「入れるカロリー」が「出すカロリー」よりも多ければ、その余った分が体に脂肪として蓄積されていく。こうして人は太っていくわけです。

わかりやすく言えば、銀行の預金と同じですね。口座に入れるお金と口座から出すお金の「差額」みたいなもの。預金の場合は、貯まるほど嬉しいものですが、体の場合はまったく逆。「差額」が増えれば増えるほど、取り返しのつかないことになってしまいます。

単純なようですが、「入れるカロリー＜出すカロリー」、これこそが永遠に変わらない真のダイエットの法則です。

法則6 「どう食べるか」でダイエット効果は一変！

「ダイエット」というと、「何を食べるか」「何を食べないか」ばかりに目が向けられがちです。現に、ブームを呼んだ食事制限的な方法は数限りなくあります。

でも、同様に、あるいはそれ以上に大事なのは、じつは「どう食べるか」。せっかく「何を食べるか」や「何を食べないか」にこだわっても、「どう食べるか」を無視すると、そのこだわりが無意味に終わることにもなりかねません。「どう食べるか」で健康になるか否か、痩せるか否かが決まると言っても過言ではないでしょう。

では、「どう食べるか」とは、具体的にはどういうことなのでしょう？

いちばんわかりやすいのは、食事の回数や時間帯です。

一日に何度、食事をするのがいいのか。食事と食事の間は何時間くらいあけるのがいいのか。何時ごろに食事をするのがいいのか。間食は取り入れたほうがいいのか。

私は、**食事と食事の間は6時間あけること、したがって一日2食にすることが理想**

と考えています。

そして、今までほとんど語られてこなかったのは、運動と関連づけた食事の摂り方でしょう。じつは食事をどう摂るかで、同じ運動を行っても効果に大きな差が生まれるのです。

たとえば、**筋肉をつくるためのトレーニングをするときは、トレーニングの4〜5時間前に食事をすると、筋肉の材料がちょうど全身に行き渡った状態になり、もっとも効果が上がりやすい**のです。そして、トレーニング後はトレーニングで失われたタンパク質やビタミンを重点的に補ったほうがいいでしょう。

それ以外にも、栄養と運動の密接な関係を知ると、もっと効率的に体をつくることができるのです。栄養と運動の関係については第五章で詳しく説明します。

法則7　ダイエットしたいなら団欒はあきらめよ

年齢とともに体の変化を感じていてこの本に興味をもってくださった方たちは、たいていの場合、夜遅くまで忙しく働いていらっしゃることでしょう。おそらく、夜、仕事を終えて家に帰り、それから家族で夕食＆団欒《だんらん》というライフスタイルではないでしょうか。

じつはこの日常生活のパターンに、太る原因があります。

家に帰ってからの夕食ならば、どんなに早くても、午後8時くらいにはなってしまうでしょう。ゆっくり食事をして午後9時。それからお風呂に入って、ごろごろしながら寛《くつろ》いで、午後11時すぎに床につく……それが典型的な過ごし方だと思います。

これでは、食事をし終わってから寝るまでの時間が2時間余りしかありません。ちなみに、胃に食べ物が入ってから完全に消化されるまで、少なくともおよそ4時間を要します。それが油っこいものなら、もっと時間がかかります。

食事後、起きている時間が2時間ということは、まだ胃に半分以上食べ物が残っている状態で眠りについているということ。これは「ダイエット」にも「健康」にも、はっきり言って最悪です。

食べ物を消化しないまま寝てしまうと、ずっと胃の中に食べ物が残った状態になって、エネルギーには変わりません。ちゃんと活動していれば消費されるはずのものが、そのまま体内に残るということ。そしてこれが脂肪として蓄えられるために、太

ってしまうのです。

また、起きているときよりも、当然、消化する力が弱いし、時間もかかります。通常4時間で消化できるところが、寝てしまうと倍の8時間もかかるのです。

それに、眠っていても、胃は少なからず消化するよう活動しています。本来なら全身を休養させるために睡眠をとっているはずなのに、実際には体がまったく休まっていないのです。

だから、消化不良を起こすし、胃がもたれる。すると、朝すっきり起きられないし、何も食べたくない、朝食があまりおいしくない、などという状態になってしまうわけです。こんな毎日を続けていれば、将来的に胃に重大な病気を引き起こさないとも限りません。

家族との団欒がある人は、まだましなほうかもしれません。中には、家族は食事を先にすませていて、用意された食事を夜中に電子レンジで温めて、ひとりで食べるというケースだってあるでしょう。その場合、食事をしてすぐに睡眠ということになりますから、もっとひどい状況です。

健康のための食事を優先するのか、それとも家族団欒のための食事を優先するのか。その選択をしなくてはならないと思います。本気で痩せたいなら、本気で健康になりたいなら、今すぐこの生活パターンをやめるべきです。

繰り返しますが、ダイエットのためにも健康のためにも、夕食を摂ってから寝るまでに少なくとも4時間、理想的には6時間はあけるのが望ましいのです。

ちなみに私は、体づくりを始めてからの約50年間というもの、家族との夕食&団欒という考え方を一切、断ち切ってきました。きちんとした体をつくり、維持していくためには、遅くとも午後6時くらいまでには夕食を摂らなくてはいけないからです。

法則8 「一日2食」が理想の体をつくる

断言しましょう。**体づくりのための理想は、一日2食です。**

さまざまなライフスタイルがあるので、全員に合うとは言い難いところもありますが、フレックスや裁量労働制など、朝10〜11時くらいの遅めの時間にスタートするという、現代ならではの働き方をしている人で、ダイエットを気にしている人なら、一日2食にするだけでも、おおいに体が変化していくはずです。

これは、私がさまざまな「実験」を繰り返してたどりついた結論。私自身、一日2食にすることで、体型が安定したのはもちろん、それまでよりもずっと健康になったのです。

それまで、私は、一日に何度も小分けにして食事をしたり、3食にして軽食をはさんだりと、いろいろな食事の摂り方を試してきました。

10年ほど前のことでしょうか、ずっと胃の調子が悪く、病院で診察してもらっても原因がわからないという状況が続いていたのです。そこで、食事と食事との間の時間が短すぎるのがよくないのかもしれないと、思いきって2食にしてみたのです。そういえば、なぜ、私たちは12時になると全国一斉に昼食を摂るのだろう？　昔にくらべると朝食の時間は明らかに遅くなっているのに、と。当たり前とされていた「習慣」にずっと惑わされてきた自分に気がついたのです。

そこで、朝食を午前9時、夕食を午後4時に摂る生活を始めました。するとどうでしょう。まず、胃が喜んでいるのがわかるようになったのです。きちんと消化され、胃が空っぽになった状態で次の食事を摂るので、ほどよい空腹感があって、食事がよりおいしく感じられるようになりました。また、カロリーをあまり気にすることなく食べても、以前より太りにくくなったのも発見でした。そして何より驚かされたのは、長年苦しめられていたストレス性胃炎が治ったこと。医者さえも原因がわからなかった胃の痛みから解放されたのです。

現代型のライフスタイルになっていたのに、学生時代と同様の食生活を送っていたのですから、今の私の体にフィットしないのは当然だったのです。

一日2食のメリットは、食事と食事の間隔を充分にあけることができるので、代謝が整い、体が余分な脂肪を抱え込まないこと。もちろん、**夕食から睡眠までの時間もたっぷりありますから、胃の中の食べ物は最後まで消化され、寝るまでの間にエネルギーとして消費されます。**また、**寝る前に胃の中がすっかり空っぽの状態になるので、胃に負担がかからず、熟睡できて、健康を維持することもできます。**

さらに、**一日の食事の総量が減るので、摂取カロリーを抑えることができます。**食事と食事の間隔が長いため空腹感があるとはいえ、一回の食事で食べられる量はそれほど多くはないのです。すると、必然的に摂取カロリーも減るので、痩せたい人には最適の方法と言えます。

食事の回数を減らすことにより、それぞれの食事で好きなものをめいっぱい食べられ、ダイエットのための「我慢」をしなくてすむのも、大きなメリットでしょう。

「相撲取りは太るために一日2食にしている」という説があるからでしょうか？　なぜか、食事の回数を少なくすると太ると思い込んでいる人が多いように思いますが、これはまったくの誤解です。食事の総量が同じであれば、回数の違いによって「太る」「太らない」に影響はまったくありません。

朝のスタートが遅い人が一日3食摂るとすると、どうしても食事と食事の間の時間を充分にあけることができません。すると、エネルギーとして消費される前に、次の食事を摂ることになってしまい、どうしても脂肪が蓄積されがち。もちろん健康にもよくありません。

ちなみに、平安時代の日本は、一日2食だったそうです。江戸時代に入り、労働時間が長くなったことによって、一日3食に変わったのだと言われます。大昔の日本の習慣に正解がある、私はそう思っています。

法則9 「一日2食型」か「一日3食型」かを見極めよ

とはいえ、一概に一日2食をおすすめしているわけではありません。

その境界線は、活動時間と活動量にあります。

一日3食が適しているのは、朝早く起きて、食事を朝6時台には摂り、夜早めに眠れる、典型的な規則正しい生活を送っている人たちです。また、肉体的な労働や営業職など、一日の活動量が多い人に向いています。このような人たちは、ライフスタイルの特性から、自然と早くエネルギー代謝をするように体ができている傾向があるので、一日3食摂っても胃に負担がかかりにくく、太りにくいのです。

一方、一日2食が適しているのは、前項で述べたように、フレックスや裁量労働制といった朝のスタートが遅い現代型のライフスタイルを送る人たち。デスクワークが多く、一日の活動量が少ない人に向いています。

常識にとらわれることなく、自分に合った食生活を見極めることが、健康で美しい体を手に入れる、正しいダイエットへの第一歩です。

法則10 「休養」も正しいダイエットに重要な要素

「ダイエット」と「休養」の関係は、いまひとつぴんとこないという人が多いかもしれません。しかし、「栄養」や「運動」の効果を体に充分に反映させるためにも、「休養」はとても重要なのです。

また、運動量が多い人ほど、その分、休養もたっぷりとらなければいけません。忙しい生活を送りながら、健康やダイエットへの意識が高い人はとくに、運動に見合う休養をとれずに、オーバーワークになってしまうケースもあります。

たとえば、運動した翌日、一日中だるくてしかたがない、体が重く目覚めが悪いなどの症状が出るようであれば、それは休養が足りないというサイン。「健康になるために運動しているのに、逆に健康を害する」という事態を避けるためにも、できるかぎり休みましょう。

休養を充分にとらないと、筋肉が硬くなり、末端まで血液が行き渡らない状態になって、免疫力が下がり、病気を招きやすくなります。

また、運動に対するパワーや集中力がなくなって、その効果が出にくくなるし、本能的に体が休もうとするために、運動をやる気が失《う》せ、長続きしなくなります。

そして、運動に使われる随意筋のみならず、内臓の筋肉である不随意筋も、同時に疲れていることを忘れてはいけません。心肺機能が衰えたり、消化・吸収能力が低下したりしているということも考えられます。

休養が足りないと、体はそれをSOSと判断して、エネルギーを極力使わないようになる可能性があります。すると、汗も出にくく、代謝が落ち、当然、脂肪の分解・燃焼も行われにくくなります。つまり、痩せにくい体をつくってしまうのです。

ただし、長く休めばいいかというと、それも大間違いです。

極端な例ですが、人は寝たきりの生活を強いられると、一日で０・６パーセントもの筋肉が落ちると言われています。休めば休んだだけ、細胞が退化し、どんどん衰えてしまいます。つまり、運動をしないで休んでばかりいると、想像以上のスピードで筋肉は衰えると心得てください。

法則11　「分解→燃焼」の2段階で脂肪は初めて減る

「脂肪を減らす」「脂肪を落とす」などと言いますが、たいていの場合、それは「脂肪を燃焼させる」ことを指しているのだと思います。しかし、意外とそのメカニズムは知られていないのではないでしょうか。本物のダイエットを実践したいなら、まず、仕組みを正確に知っておかなくてはなりません。

脂肪は、たとえるならばどろどろしている「重油」のようなもの。そのままでは、燃焼させることができません。脂肪を燃やすには、2段階の過程を経ることが必要です。まず脂肪を分解して燃えやすい「灯油」の状態にし、それから燃焼させるのです。

運動によってエネルギーが必要になると、脳がそれを察知し、脂肪分解を指令するためのホルモンを分泌します。そのホルモンによって、脂肪を分解するための酵素リパーゼが活性化され、脂肪が脂肪酸とグリセリンとに分解されて、血液中に溶け出します。それがいわば「灯油」の状態。

そして、「灯油」の状態になった脂肪が、血液によって筋肉に運ばれ、運動などでエネルギーとして使われる。すなわち脂肪が燃焼されるわけです。

一方、分解されてせっかく「灯油」になった脂肪も、燃焼させないとまた「重油」状態に戻り、脂肪として体に蓄えられてしまいます。

このメカニズムを知ると、脂肪を減らすには、「分解」だけでも「燃焼」だけでも無理だということがわかります。「分解↓燃焼」という2ステップが不可欠だということを理解しましょう。

法則12 本当の「体重」の見方を知ろう

第一章でも述べましたが、体重だけに気を取られ、むやみやたらと減らそうとする急激なダイエットは、本物とは言えません。なぜなら、脂肪を落としているかのようでいて、じつは筋肉を落としている可能性があるからです。

ダイエットしている人は、体重が短期間に落ちれば落ちるほど喜々としています

運動によるエネルギー代謝の流れ

運動

↓

① 血中のブドウ糖
② 肝臓のグリコーゲン
（約3200kcal＝
フルマラソンの消費カロリー）

最初に使われるのは、すぐにエネルギーになる血中のブドウ糖。血中のブドウ糖がなくなると、肝臓のグリコーゲンが分解されてエネルギーとして使われる。

↓

③ 脂肪
（内臓脂肪、皮下脂肪）

脂肪は油にたとえると、どろどろした「重油」。一度分解して「灯油」にしなければ燃えないので効率が悪く、エネルギーとして使うのは後回しにされる。

血中のブドウ糖と肝臓のグリコーゲンを使いきって初めて、脂肪がエネルギーとして使われる。しかし、血中のブドウ糖を使いきったうえでフルマラソンを走ったとしても、肝臓のグリコーゲンをようやく使いきるという計算。運動だけで脂肪を落とすのがいかに難しいかがわかる。

が、その真相は筋肉が落ちているケースが多い。はっきり言って、そんなダイエットは大間違いです。

繰り返しますが、肝臓にグリコーゲンが蓄えられている限り、脂肪は減りません。体は効率のいいエネルギーから使おうとするので、わざわざ「重油」を「灯油」に分解して初めてエネルギーとして燃焼させることができる脂肪を使おうとはしません。いわば「面倒」な存在は後回しにして、より「簡単」にエネルギーになる血中のブドウ糖をまず使い、それがなくなったら肝臓のグリコーゲンを使います。肝臓のグリコーゲンがなくなって初めて脂肪がエネルギーとして使われるのです。

しかし、食事を極端に制限する急激なダイエットによって、血中に充分なエネルギーが入ってこないからといって、すんなり脂肪をエネルギーとして使えるかというとそうではありません。エネルギーが入ってこないと、体は防衛本能でエネルギーを使わないようにモードを切りかえます。

筋肉はエネルギーがないと活動できませんから、当然筋肉を使わなくなります。また、食事を極端に制限しているために筋肉の材料であるタンパク質も不足しているので、筋肉をつくることもできません。

一方、脂肪は筋肉を動かすことによって分泌される成長ホルモンがスイッチとなって分解されるので、筋肉の動きが鈍れば、それだけ脂肪も減りにくいのです。

つまり、**急激にダイエットをすると、エネルギー不足が起こり、筋肉が使えなくなって衰えるし、材料がないから新たにつくることもできない。すると脂肪が分解・燃焼されない。結果的に、先に筋肉が減ってしまって、脂肪はほとんど減っていない、ということが起こる**わけです。

では、体重はまったく無視していいのか？　それも違います。

私は、もう10年以上にわたり、「体重ダイアリー」をつけています。**体重の変化を知ることで、自分の健康状態がよくわかる**からです。

毎朝同じ時間に、何も身につけず、何も食べたり飲んだりしないで、体重計に乗ります。そして、同条件で計測した体重を1週間単位で比較し、変化を観察します。

すると、前夜の食事との相性やその吸収具合、睡眠や疲れの状態など、体重の増減の理由を自分なりに知ることによって、さまざまなことが見えてくるのです。

体重が増えていた場合、真っ先に考えられるのは、食べすぎ。そして消化しにくいものを食べた可能性があります。また塩分の摂りすぎにより、必要以上に水分を抱え込んでいるケースも考えられます。

一方、体重が減っていた場合は、病気の可能性もあるので、健康状態のチェックにもなります。

また、食事をいつもどおり摂っているのに体重が急激に減ったときには、筋肉量が減った可能性があります。ダイエットをしている人は、体重の変化を、筋肉量をキープするうえでの目安にすることをおすすめします。

法則13 脂肪を落とすには「ついた期間の半分」はかかると心得よ

痩せようと決意した人に限って、「1週間で」「1ヵ月で」と、できるだけ短期間で結果を出そうとするものです。そもそも、ここに無理があります。

あなたの脂肪は、1週間や1ヵ月など短期間でついたわけではありません。長い期間、少しずつ脂肪が積み重なって、次第にその体型になったのです。

本物のダイエットを試みるなら、理想の体を手に入れてその体型をキープしたいなら、脂肪を落とすためには、ついた期間のおよそ半分はかかると覚悟してください。**急激に瘦せようとするダイエットは、絶対に偽物です。なぜなら、急激なダイエットには、間違いなく「弊害」があるから**です。

まず、脂肪は落ちずに、筋肉が落ちているケースが多いこと。前述しましたが、エネルギー不足のために筋肉を使うことができず、また新たにつくることもできないために、結果的に筋肉が落ちてしまう。そして筋肉を動かすことによって分解・燃焼される脂肪は、筋肉が落ちてしまうと、おのずと減少しません。**脂肪を残したまま、筋肉だけが落ちていくことは、脂肪が燃焼しにくい体を自らつくり出しているようなもの**のです。

本当の理想のダイエットは、余分な脂肪を落として筋肉をつけることです。筋肉をつけようと思ったら、平均すると1年に1キロがやっとです。せいぜい1ヵ月に100グラムがいいところでしょう。

脂肪より筋肉のほうが断然重いので、筋肉がなくなるほうが体重の減りが早いのです。体重が減って喜んでいるけれど、じつは筋肉を減らし、脂肪をため込みやすい体をつくって喜んでいるに等しいのです。

実際に、短期間で痩せたとしても、すぐにリバウンドする可能性が高いことも自覚しておきましょう。

体の中に太らないシステムをつくることが本物のダイエットです。つまり、**それまで必要以上に膨らんでいた胃を小さくして、適正な摂取カロリーで満足できる体にすること。それができて初めて、理想の体が手に入る**のです。

ところが、急激なダイエットは、本当はもっと食べたいのに、無理に我慢をして摂取カロリーを抑えているにすぎません。一見、痩せたかのようですが、体のシステム自体はまったく変わっていないから、胃は「もっと食べ物を入れてほしい」と思っているわけです。だから、ある程度目標を達成したとたんに、また食べすぎて太ってしまうのです。

さらに怖いのは、リバウンドを繰り返せば繰り返すほど、体のバランスがくずれていき、痩せにくくもなること。理想からはどんどん遠ざかっていくことです。

そして、あまり語られていないのは、皮膚の変化でしょう。急激に脂肪を減らすと皮膚がその変化についていくことができず、たるんでしまいます。風船を思い浮かべるとわかりやすいと思うのですが、パンパンに膨らませた風船の空気を急激に抜くと、ゴムが変化についていけず、伸びたままの状態になるでしょう？　それと同じ状況が皮膚に起こると考えてください。痩せたけれど、何歳も老けた印象になってしまったという結果を招くことにもなりかねません。

脂肪は一日にしてつかず。じっくりと向き合って、本気で理想の体を手に入れましょう。

法則14　「脂肪」の必要性、そして理想の「脂肪」

ダイエットや健康への意識が高まっているのは歓迎すべきことですが、「脂肪」だけが忌《い》み嫌われていることには、少し偏《かたよ》りがあるような気がしてなりません。

結論から言うと、人間の体には、適度な脂肪が必要不可欠です。

脂肪がないと、はたしてどうなるのか？

答えは「弱い体になる」ということでしょう。人は脂肪がないと生きていけません。

脂肪は体のエネルギー源です。食べ物から取り込んだ栄養がエネルギーとなって私たちは生きているわけですが、余ったエネルギーを脂肪として蓄えておいて、栄養が摂れない状況に置かれたときには、それを使って生命を維持することができるのです。

一方で、脂肪は体のパッドの役割を果たします。強い衝撃から守ったり、体温をキープしたりするわけです。

そして女性の場合は、脂肪が適度な丸みをつくることで、女性らしい美しさが完成します。

トレーニングマニアの男性に見られる傾向ですが、体脂肪率にこだわるあまり、1桁台を目指している人もいるのではないでしょうか？　中には5パーセントとか3パーセントとかを自慢にしている人もいるようですが、じつはそれは弱い体をつくっているようなものなのです。

目指すべきは、男性は18〜20パーセント、女性は20〜23パーセントの体脂肪率。体脂肪計をもっている人は、それを目安にしましょう。

私自身は、常に16〜17パーセントをキープしています。

もっと簡単にチェックする方法は、自分でおなかの脂肪をつまんでみること。理想的な脂肪の目安は、普通に立った姿勢で、へその下のおなか部分をつまんだ厚みが、手の親指のつけ根と人差し指のつけ根の間の肉（骨のない部分）の厚みの3倍程度。朝、体重計に乗るのと同時に、視覚と触覚での「脂肪チェック」もおすすめします。

法則15 「運動」と「栄養」の密接な関係を知ろう

痩せるためには栄養が、見た目をデザインするためには運動が重要です。

ただ、これらはひとつひとつを独立させて考えては、どちらの効果も生かしきれないことがあります。それなのに、このふたつの関係性は、今まであまり語られてきませんでした。

筋肉は運動でつくられますが、そのためには材料であるタンパク質が必要です。しかもそれが良質であればあるほど、良質な筋肉がつくられるので、どんな食材でタンパク質を摂るのかにも気を遣いたいところです。

また、運動するためには効率のいいエネルギーが必要です。したがって、タンパク質だけを補給するのでは不充分。運動するパワーを発揮できるだけのエネルギーを確保する炭水化物も必要になります。

そして、いくら栄養にこだわっても、それを体に入れるタイミングを間違っては、運動の効果は半減します。

運動の効果を最大限に引き出すためには、ちょうどトレーニング時に、栄養が体の末端まで充分に行き渡っている状態をつくることが大切。つまり、**運動をする4〜5時間前に適切な食事を摂れば、そうでない状態で行うよりも、早く確実に効果が現れる**のです。

栄養と運動を賢く組み合わせることによって、効率よく、しかも相乗的に理想形が手に入ると心得てください。

法則16　基礎体温を上げて痩せやすい体になる

「太る」「太らない」には、基礎代謝量が大きく影響しています。筋肉量が多ければ多いほどその値が高くなりますから、自分の基礎代謝量を知ることが大切です。その目安になるのは体脂肪率ですが、そのほかにも重要な要素があります。

それが、「基礎体温」。

基礎体温とは、基礎代謝が行われているときの体温のこと。通常、朝、目を覚まして、起き上がらずになるべく体を動かさず、毎日同じ時間、同じ条件で計る体温のことです。

基礎体温が1℃下がると、基礎代謝量が10パーセントも下がると言われています。基礎体温が高いと基礎代謝量が多く、基礎体温が低いと基礎代謝量が少ない。つまり基礎体温の「高い」「低い」と基礎代謝量の「多い」「少ない」は比例するのです。

また、脂肪の分解や燃焼に関わる酵素は、体温が低いと働きが悪いとも言われていますから、その意味でも基礎体温が低いと太りやすいと言えるのです。

最近、とくに女性たちの間で「低体温」が問題になっています。基礎体温が35℃台という人が少なくないのです。これはすなわち、太りやすく痩せにくい体。

基礎体温を上げることも、本物のダイエットに必要な要素なのです。

第三章　痩せるための本物の栄養学

栄養の「常識」は間違っていた!?

「痩せる=脂肪を減らす」ためには、何より本物の栄養学を知らなくてはなりません。

繰り返しますが、運動だけでは脂肪を減らすことはできません。取り入れる栄養を工夫して初めて、目に見える効果が生まれるのです。

ただ、第一章でも述べたとおり、今、テレビや雑誌で伝えられている情報には、間違いや嘘がみだりにはびこっています。これらを信じては、痩せないばかりか、健康に甚大な悪影響を及ぼす恐れがあります。また、子どものころや学生のころに身につけた自分の中にあるあやふやな知識で、やみくもに食事制限を行うのも、とても危険なことです。

まず、今まで常識とされていたことを、一度白紙に戻してください。そして一から、正しい知識を身につけましょう。

ここでは、確実に痩せて、絶対にリバウンドしない、そんなダイエットをかなえるための、栄養学、食事学をお話しします。

表面上のカロリーや「何を食べるか、何を食べないか」から、さらに一歩進めて、「いつ食べるか」「どう食べるか」にまで踏み込んだ、本物の栄養学です。

今すぐ、意識を入れかえて、正しい栄養を摂りましょう。体はすべて、食事でできているのですから。

「昼食は不要」がダイエットの正解

平安時代は一日2食が当たり前でした。今も、僧侶の食事は一日2回。もちろん、活動量によっても違ってきますが、「太らない体づくり」の正解はここにあると、私は思っています。

現代のライフスタイルや働き方を想定した場合、朝食を8時、9時に摂る人も多いでしょう。そうすると、いわゆる12時の昼食時に、本当はおなかがすいていないはずです。

それなのに、「一日3食」という常識にとらわれているからなのか、それとも、長くそれを習慣としてきたから12時になるとおなかがすいたような気になってしまうのか、昼食を摂らないという発想はなぜか、生まれてきません。

健康で美しい体を手に入れるには、まず朝食をめいっぱい食べられる環境と体をつくることが近道。そのためにも、夕食はできるだけ早く摂りたいものです。昼食さえやめれば、おのずと夕食の時間は早まるはず。そうしたら、何をしなくても、自然と脂肪が落ちていくはずです。

昼食はもういらない。理にかなっていると思いませんか?

「12時に昼食」が太りやすい体をつくる

昼食そのものもそうですが、昼食を摂る時間帯に問題があると思っているのは、私だけでしょうか。

平日の12時になると、オフィス街にあるレストランや定食屋、カフェなどは、驚くほどの数のサラリーマンやＯＬで溢れています。お昼休みの時間帯が会社で定められているためか、こぞって12時に食事をしようと躍起になっているのです。でも、私はそこに「メタボ」の原因が潜んでいる気がしてならないのです。

そもそも、「12時に昼食」とは、誰が決めたのでしょう？

朝食を午前5時、6時に食べている人は別ですが、たいていの場合、7時〜8時、遅い人は9時〜10時くらいでしょう。すると**12時には、朝食のエネルギーがまだきちんと消費されていないうちに、食べ物を胃に入れることになります。**そのため、**余ったエネルギーが脂肪として体に蓄積されてしまう可能性が大きい**のです。

太りやすい体をつくり出している原因は、日常の習慣に潜んでいる。その典型的な例が「12時に昼食」という常識だったのです。

「一日2食」のこれだけの効用

私たちは、物心ついたときからずっと、「一日3食」を「常識」として育ってきました。誰もが疑うことなく、それを習慣にしてきたはずです。

でも、もし、その常識が現代の「国民総メタボ時代」をつくってしまったのだとしたら、どうでしょう？　残念ながら、今、40代以上の大人はもちろんのこと、若者から子どもまで、性別や年齢を問わず「メタボ」増加傾向にあります。「一日3食」という常識にこそ、「メタボ」の原因があるのではないかと、私は思うのです。

胃に食べ物が入ってから消化し終わるまで、最低4時間はかかると、第一章、第二章で述べました。胃が空っぽの状態になるためには、本当はもっと時間がかかります。食事後およそ6時間はかかると思ったほうが確実です。そのため、**食事と食事の間隔は6時間はあけるのが望ましい**のです。

そこで、睡眠時間を8時間とし、一日3度の食事を摂ると仮定しましょう。

消化の時間を充分に確保しようとすると、単純に計算して8時間（睡眠時間）+6時間（食事と食事の間の時間）×3（食事回数）=26時間。つまり一日26時間が必要です。言いかえれば、この睡眠時間を確保しながら3食摂ったのでは、消化が追いつかない。そして、**消化が追いつかない分の余った栄養は、エネルギーとして使われないので、脂肪として体に蓄積されてしまう……だから、太る**のです。

このような理由から、もし、**ライフスタイルが許すならば、一日2食にするのがベスト**だと思います。

ちなみに、一日2食を実践している私の食事パターンはこうです。

まず、午前9時に朝食を摂ります。前日の夕食を摂ってからかなり時間があいているために、朝は空腹感で目覚めます。そのすき具合たるや、朝なのに、フルコースが食べられるのではないかと思うほど。実際、カツ丼だろうがハンバーグ定食だろうが、なんでも食べたいものを思いっきり食べます。

朝たっぷり食べていますから、当然、いわゆる昼食はなし。おなかがいっぱいだから、空腹感もありませんし、実際、食べることができません。食べても消化不良を起こすだけだと思うからです。

そして、夕食は午後4時に摂ります。朝食を摂ってからおよそ7時間が経過していますから、朝同様、このときも胃が空っぽの状態になっています。ですから夕食も、カロリーなど気にせずに、めいっぱい食べます。

このように**2食とも、思う存分食べていますが、じつは人が一度に食べられる食事の量はたかが知れています。どんなに食べても、せいぜい「1000キロカロリー」がいいところ。トータルしても、一日に必要な摂取カロリー以内に収めることができます。だから、太らない**のです。

そして、一日2食にすると、おのずと食事と食事の間隔を充分にあけることができ、食事を摂る前に胃が空っぽになるので、胃を充分に休ませることができます。すると、胃にストレスがかからず、胃の健康状態がよくなります。

さらに、夜は胃に何もない状態で眠れますから、全身をちゃんと休養させることができます。ダイエットにいいのはもちろんのこと、胃の病気も防げる……まさに一石二鳥、いいことずくめです。

「一日2食」タイプ？「一日3食」タイプ？

とはいえ、子どもたちは、「一日3食」が適していると思います。

成長期にあること、動きが激しいことはもちろんですが、現代の子どもたちは朝早くから夜遅くまでフルに活動しているから。そのための栄養補給は、一日2食では足りないからです。

平安時代に当たり前だった「一日2食」という習慣は、江戸時代に入り、「一日3食」にかわります。「労働時間が長くなったから」というのが、その理由。日の出とともに働き始めて、日の入りまで働き続けるという毎日が当たり前になったからなのだと言われています。労働量に見合うだけの栄養を補給するには、一日3食を摂らなければ間に合わなかったということです。

再三、「一日2食」が理想と述べてきましたが、それが適している人と、そうでない人がいることも事実です。

大きく関わってくるのは、活動時間や労働時間の長さと、その内容です。

まず、一日3食が適している人。

ごく一般的な働き盛りのサラリーマンなら、午前6時くらいには起床して、午前6時30分ごろには朝食を摂るという人が多いと思います。そして夜は早めに眠れるという、典型的な規則正しい生活を送っている人たちです。仕事の内容は、デスクワークというよりは、肉体的な労働や営業といった職種など、動きが活発で、一日の活動量が多い人。こういう方々は、活動時間、活動量、活動内容的に、一日2食では必要な栄養を補給しきれないので、3食にすべきでしょう。

一方、一日2食が適している人。

裁量労働制だったり、フレックスだったり、あるいは自由業だったりする、フレキシブルな生活パターンの人たちです。基本的にこのような現代型の生活を送る人は、朝のスタートが遅くなりがちで、仕事の内容はデスクワークが多いと思います。すると、一日3食が適している人たちに比べると活動量も少ないはず。ですから、一日2食で充分な栄養が摂れます。

夕食を早く摂らなくてはいけない理由

夕食を摂ってから眠りにつくまでの時間が短い人は、とても多いと思います。多忙なライフスタイルを送る中で、楽しく飲みながらの外食も、仕事での接待も、いや、家に帰って摂る食事でさえ、脂肪をため込む時間帯に夕食を摂っていることになります。これでは、「太る」「太らない」というレベルではなく、不健康や病気を自ら招いているようなものです。

結論から言いましょう。

「夕食を摂ってから次の日の朝食までの時間があけばあくほど、体に脂肪がつかない」、これが真相です。

なぜなら、**寝るまでの活動時間を長くすることによって、夕食で摂ったエネルギーをすべて使い果たすことができる**から。すると、**脂肪として体内に蓄積されないから、太らない**のです。

食事と食事の間の時間を長くあけると、体がより栄養を吸収しようとするとか、空腹の時間が長いことで胃酸が胃を荒らしてしまう可能性があるとか、さまざまな説があります。

しかし、夜通し活動している人なら話は別ですが、たいていの場合、夜は睡眠という休養のための時間です。なるべく長く胃にものがない時間をつくり、胃を休めてから眠りについたほうが、ダイエットのためにも胃のためにもいいのです。

私の場合は、午後4時に夕食を摂って翌朝9時に朝食ですから、その間およそ17時間。これはひとつの「断食」にもなり、脂肪がついている暇がないというわけです。

繰り返しますが、胃が食べ物を消化するのに最低4時間はかかります。油っこい食べ物だと、もっと時間が必要です。消化する時間を頭に入れたうえで、寝る時間から逆算して夕食を摂らなくてはいけないのです。

つまり、**「胃を空っぽの状態にして、胃を休めてから睡眠に入る」**のが健康的なダイエットのポイント。するとと夕食後、お風呂に入ったり電話で誰かと話したり、テレビを見たりなどの夜の活動に、夕方に食べたものがエネルギーとして使われるのです。つまり、**夕食から寝るまでの時間を胃の消化時間以上にあけることで、夕食で得たエネルギーを使い果たしてしまうこと**、それが大事なのです。

人間の脳は、食物を食べて血糖値が上がると、免疫力を上げます。体温が上がり、活動の準備態勢を整えるのです。「食べ物が体に入ったな、さあ、活動できるぞ。免疫力を上げるぞ」といった具合に。でもこれは、活動する時間帯である朝から夕方にかけて行うべきこと。眠る直前にしてしまったのでは、活動のためのエネルギーが使われないで蓄積されるのはもちろんのこと、本来休養すべき時間帯であるにもかかわらず、自らシフトを逆にしているようなもの。体がまったく休養できないのです。

「そんな早い時間に、仕事が終わるわけがない」という不満の声が聞こえてきそうですね。

残業を終えてから食事を摂るのでは、当然、眠るまでに胃を空にする時間など確保できません。これがもっとも体に悪いことなのです。消化するのに、胃に大きな負担がかかり、胃のもたれから、胃潰瘍、最悪の場合は胃がんになってしまいます。このような毎日を続けていたら、病気にならないほうがおかしいとさえ思います。

それでも残業をしなくてはならないというのは、しかたのないこと。ならば、そのような人たちは、午後6時くらいまでに夕食をすませてから残業と、割りきるべき。それ以降は、食事は摂らないと決めるのです。

血糖値を上げてから残業をすれば、空腹の状態よりも断然、仕事の能率も上がるはず。ダイエットにも健康にも、そして仕事面でもいいというわけです。

また、夕方に栄養補給をしておくと、帰宅時や帰宅してからの体のエネルギー量がまったく違ってきます。エネルギー量が違うということは、すなわちエネルギーの使われ方が違うということです。

車にたとえるとわかりやすいでしょう。ガソリンが満タンに補給されていると、アクセルをしっかり踏むことができるので、ガソリンをたくさん消費して、より速く快適な走りができます。逆に、ガソリンが不充分だとそれを使わないように制御するので、アクセルもしっかり踏めないし、走りの質は格段に悪くなります。

つまり、**食事でエネルギーが充分に補給されていれば、階段を上るにしても、お風呂に入るにしても、そこでエネルギーが使われやすい。体は正直なので、きちんと栄養が補給されると安心して代謝を高め、脂肪を燃焼しようとします。痩せやすい体になる**というわけです。

そして、夜遅くまで残業をしなくてはならない人の中には、翌朝のスタートが遅いという人もいるでしょう。そういう働き方の人たちは、朝食は午前9時、10時くらいになるはずです。すると、やはり昼食は必要ない。早めの夕食がもっとも適しているというライフスタイルだと言っていいでしょう。

間食という「騙しのテクニック」

「一日2食」の場合はとくに、朝食と夕食の間、そして夕食後、睡眠までの間が6〜7時間あくと、途中でおなかがすくこともあるでしょう。空腹感を覚えるのは、すなわち体がエネルギーを欲しているということ。そういうときは、一瞬、血糖値を上げて、体を「騙《だま》す」必要があります。

そんなときは、空腹感をまぎらわすために、「間食」をおすすめします。

間食を摂るメリットは、空腹状態で下がった血糖値が上がって、満腹中枢が刺激されることです。間食に「甘いもの」が食べたくなるのは、血糖値が下がるため。血糖値を上げるために、体が糖分を欲するのです。

そこで欲望を無理やり抑え込むのではなく、体が自然とそれを制御するという方向にもっていくのがベストです。つまり、欲望を我慢してストレスをためるのではなく、エネルギーとして使われやすく体にたまりにくい食べ物を賢く選ぶことで、体を騙して、その欲望をコントロールするということなのです。

間食という「騙しのテクニック」にもっとも適しているのは、柿やみかん、りんごなど、炭水化物を多く含まず、ビタミンCや水分を含んだ果物です。**これらの果物に含まれている「果糖」は、すぐにエネルギーになり、皮下脂肪になりにくい**というデータがあるからです。

果物は、動物が自然界で食べているもの。そのようなプリミティブなものは、すぐにエネルギーになる効率のいい食べ物。したがって、ダイエット中の間食に向いていると言えるのです。

同様に、**上質な蜂蜜や、黒砂糖など精製されていない自然の糖**も向いています。スプーン1杯口に含むだけで満足感が得られるものです。

大豆や枝豆などの「豆類」や、カシューナッツなどの「木の実」もおすすめです。豆類にはタンパク質やミネラルが、木の実には脂質、タンパク質、炭水化物がバランスよく含まれているので、瞬時に体を騙すテクニックとしては、最適なのです。

また、どうしてもチョコレートが食べたいということであれば、**砂糖が少なく、なおかつカカオ含有率の高いチョコレート**なら、間食に適しています。さらに、のどが渇いたら水分を摂るのもおすすめです。その場合は、砂糖が含まれたものは避けて、果汁100パーセントジュースにしましょう。おせんべいがつまみたかったら、それもいいでしょう。

つまり、空腹を感じてもそれを我慢しなければいけない、ということではなく、これらをうまく利用して間食を摂ればいいのです。体もそのほうが喜ぶはずですから。

では、体を騙すためには、間食で何を食べてもいいのか？

それは大きな間違いです。基本的に、**精製された白砂糖や人工甘味料は、エネルギーにもなるけれど、皮下脂肪として体にたまりやすい**という特徴があると思うからです。科学的に解明されているわけではないのですが、私の今までの経験上、人工的に作られたものは、自然のものに比べて、消化・吸収されにくく、エネルギーとして使われにくい気がします。黒砂糖や果糖や蜂蜜など自然のものからとれる糖が、それ以外にも栄養素を含んでいるのに対し、白砂糖など人工的な糖は栄養素を含んでいないからかもしれません。

したがって、**いくら食事を一日2食にしたところで、間食にショートケーキやアップルパイなどを食べたのでは、まったく意味がなくなってしまいます。これらには、白砂糖のほかに、代謝されるのに時間を要するバターなど脂質もたっぷりと含まれているので、脂肪として体にどんどん蓄積されてしまう**のです。

ところが、世の中が間違っていると感じるのは、みかんのカロリーも蜂蜜のカロリーもすぐに数字にして単純に計算しようとすることです。これらは、エネルギーとしてすぐに消費されるのであって、白砂糖のカロリーとはまったく異なります。消費のされ方がまったく違うのです。

一概にカロリーの「量」として文字どおりに認識するのではなくて、「質」にこだわってほしいと思います。

小刻みの食事は不健康のもと

食事と食事の間の時間があきすぎると体が猛烈に吸収しようとするから、太りやすいという話を第二章でしました。

ならば、小刻みに食べたほうが、より太りにくいのでは？　という反論も聞こえてきます。でも、答えはノー。

私自身、以前、「実験」をしたことがあります。一日7食にしたこともあったし、3時間おきに食事を摂るというトライアルもしました。その結果、ダイエットという視点でも健康という視点でも、デメリットはあっても、メリットなどまったくないという結論に達したのです。

【デメリット　その1】食べる回数を増やすことによって、どうしても一日に食べるトータルの「食事量」が増え、食欲が増して胃が大きくなってしまうということです。

本来、小刻みに食事を摂るのは、病気が原因で胃を切除した人がとる方法。胃が普通の食事量を受けつけるだけのキャパシティをもたないために、少しずつ何回かに分けて摂って、体を維持するのに必要なカロリーをカバーしようというものです。それを食欲旺盛の健康な人が行うには無理があると言わざるをえません。食事回数が増える分、1回当たりの量を厳密にコントロールしなくてはいけないはずなのに、健康な人は食欲を抑えるのが難しいと思うのです。

また、少しずつ食事量が増えることによって、次第に胃が膨らむことも考えられます。人は胃壁に食物が触れている状態で「満腹感」を得るのですが、小分けにして何度も食事をするということは、少し消化されただけで胃壁にものが当たらなくなりますから、それだけ空腹を感じやすくなってしまうということ。むしろ、食欲が増してしまうのです。

【デメリット　その2】必然的に、一日の総カロリーが増えてしまうこと。

それなら、一日の総カロリーを維持すれば、食べる回数を増やしてもいいの？　という人もいるでしょう。ところが、一日の総カロリーを適正に維持するためには、食事の回数で割って、それぞれの食事を細かく自分で制限するという作業が必要になります。ただ、人はそううまくコントロールできないもの。結果的に、「入れるカロリー＞出すカロリー」というダイエットの原理からすると、単純に太りやすいのです。

【デメリット　その3】栄養バランスをとりにくくなることです。

食事を小分けにしようとすればするほど、1回の食事量を少なくしなければなりませんから、おのずとそれぞれをパーフェクトな栄養バランスに整えるのが困難になるのです。

食事回数が少なければ、定食のようにおかずもご飯もみそ汁も、とたっぷりの量を食べることができるので、あまり細かく意識しなくてもおのずと栄養バランスがとれるもの。それに対して、食事回数が増えると1回の食事がおにぎり1個ということもありうるでしょう。この場合、炭水化物がほとんどで、どうしても栄養に偏りが出てしまう。まだおにぎりはわかりやすいほうですが、「えびフライ」を例に挙げると、えびがタンパク質で、衣は炭水化物で、脂質も含んでいる……といった具合に、ひとつの食べ物のどこがタンパク質でどこが炭水化物や脂質なのかなんて、正確に認識して食べている人はほとんどいないと思います。そういう意味でも、小刻みに食べることは無理があると思うのです。

これらの理由から、天ぷらやとんカツなどカロリーの高いものを食べる場合には、衣を取り除くなどカロリーを抑える工夫をしなくてはいけないとか、さっきたくさん食べてしまったから次は少なめにしなくてはいけないとか、「あれは駄目」「これも駄目」という制約が増えてきます。

食事の回数が増えることで、一見満足感を得られるかのようですが、そのじつ、我慢をしている感覚があるわけです。そうすると、一度の食事の「量」も「質」もきちんとコントロールしなくては、ダイエットは成立しない。したがって、私は、食事回数が多いほうが、より心理的なストレスを感じやすいと思うのです。

【デメリット　その4】いつも胃液が出ている状態が続くため、胃酸で胃を痛める心

配があること。

胃に食べ物を入れると、胃液が出ます。その中に、食べ物の消化と殺菌を行う酸性の消化液、胃酸が含まれています。食事を摂ろうとすると脳が刺激を受けて胃液が分泌されるのですが、胃酸が必要以上に分泌されると、胃そのものに悪影響を及ぼす恐れがあるのです。つまり、小刻みに何度も食事をすることによって、脳がそのつど刺激を受け、しょっちゅう胃酸が分泌されるということになるわけです。

たとえば、以前の私のように一日7食にしたら、胃液が常に出っぱなしになっているようなもの。すると、どうしても胃を荒らす可能性が高くなります。これははっきり言って、病気になる食べ方です。

また、一日3食で、しっかり間食を摂るという食べ方も、小刻みに食べているのと同じ。同様に病気を招く可能性があります。私自身、小刻みに食事を摂っていたころは、ずっと胃に痛みを抱えている状況でした。

小刻みに食べるということは、車にたとえると、ずっとアクセルを踏みっぱなしの状態だということです。1回ずつ休んだほうが、車は長持ちするはずなのです。

私の場合、一日2食なので、今、本当に好きなものをたらふく食べています。ステーキでも天ぷらでも焼き魚でも思う存分、食べられるのです。

私自身が失敗を繰り返して、ようやくたどりついた結論に間違いはないと思います。

炭水化物・タンパク質・脂質の三大栄養素が不可欠

よく、痩せたいと思っている人にとって炭水化物は敵だとか、肉はあまり食べないほうがいい、甘いものは避けるべきなど、さまざまなことが言われています。それぞれに一理ありますが、すべてを真に受けると、やはり偏りがあると思います。

結論から言うと、炭水化物、タンパク質、脂質の三大栄養素をバランスよく摂るのが、ベストです。当たり前のことのようですが、この三本柱をしっかり摂らないと、健康で美しい体は、決して手に入りません。

ここで、それぞれの栄養素の特徴や役割を整理しておきましょう。

炭水化物の多くは糖質で、人間が活動するうえで、もっとも大切なエネルギー源で

す。主にご飯やパン、麺類などの主食や芋類などに豊富に含まれており、果物や野菜にも含まれます。砂糖や蜂蜜も炭水化物です。消化・吸収されることによって1グラムあたり4キロカロリーのエネルギーをつくり、血液中にブドウ糖として、肝臓にグリコーゲンとして蓄えられます。口にしてから実際にエネルギーとして使われるまでの時間が短く、**エネルギー効率がいい栄養素**です。ただ、**エネルギーとして使われないと、体に脂肪として蓄積されるので、適量を心がけなくてはなりません。**

タンパク質は体の細胞を構成しているもので、筋肉をはじめ、心臓や胃腸などの臓器から骨、皮膚、毛髪に至るまで、さまざまなものを構成する材料になります。肉類や魚介類、卵、乳製品、大豆製品などに多く含まれます。およそ20種類のアミノ酸からなり、中でも体内で合成できない9種類は必須アミノ酸と呼ばれています。**余分なタンパク質は、体内に蓄積しておくことができず、尿とともに排出されてしまうので、毎食補う必要があります。摂りすぎても体脂肪にはなりませんが、消化・吸収するのに胃や腎臓に負担をかけることになるので、注意が必要**です。

脂質も炭水化物同様、人間にとって大切なエネルギー源。バター、牛や豚の脂、魚の脂、そしてサラダ油やオリーブ油、ごま油などの油類に含まれ、炭水化物の2倍以上、1グラムあたり9キロカロリーのエネルギーを生み出します。また、脂質は生体膜の主要な構成成分で、体内の消化・吸収のメカニズムは炭水化物より複雑で、そのため14〜15時間と時間がかかります。また、**必要以上に摂取すると体内に脂肪となって蓄積されるので、摂りすぎには注意が必要**です。

それぞれの特徴をわかりやすくたとえるなら、建築物の材料そのものになる「鉄筋」や「コンクリート」などが「タンパク質」、それらを運搬したり、組み立てたりする「職人」に当たるのが「炭水化物」、そして「接着剤」の役割を果たすのが「脂質」と言っていいでしょう。

こうして、それぞれの栄養素が役割を果たすことによって、初めて私たちの体は成り立っています。どれが欠けても、理想の体型にたどりつかないどころか、健康な体は手に入りません。できるだけ気を配って、バランスよく食べましょう。

炭水化物：タンパク質：脂質の理想の比率

バランスよく、とひと口に言いますが、それはいったいどういうことなのでしょう？

理想的な比率は、日本人の場合、炭水化物：タンパク質：脂質＝60パーセント：30パーセント：10パーセント。カロリーに置きかえるとわかりづらくなるので、単純に食べ物の「量」の比率と理解してください。その比率を基本に、痩せたい人はエネルギー源である炭水化物の比率を低くする、激しい運動をしている人は運動で失われがちなタンパク質の比率を高くする、というように配分を調整するといいでしょう。

詳しくは後述しますが、痩せたいなら、炭水化物の比率を50パーセントか40パーセントに減らして、その分、タンパク質を40パーセントか50パーセントに増やしていくという具合に、比率を変えて調整するのです。いかなる場合も、脂質の比率は10パーセントと不変。良質な脂質はどんな場合も10パーセント摂れば、充分です。

ただ、**ここで勘違いしがちなのは、痩せたいと思うと、食事の全体量を減らそうと考えてしまうこと。全体量を減らしては、エネルギー量や筋肉の材料が不充分になって、脂肪だけでなく、筋肉も落としてしまう間違ったダイエットになってしまいます。全体量を減らすのではなく、比率を変えていく。全体の中で、炭水化物を減らした分、タンパク質で補う、そのように考え方を変えてください。**要は、炭水化物とタンパク質の配分をどうするか、その調整法でなりたい体をコントロールするのです。

ちなみに、おにぎりだけで食事をすませるなんて、もってのほか。炭水化物：タンパク質：脂質の割合が、90パーセント：5パーセント：5パーセントくらいになってしまいます。忙しさのあまり、コンビニのおにぎりで昼食をすませるという方も多いと思いますが、それでは理想からはほど遠いと理解してください。

三大栄養素を生かすビタミン＆ミネラル

これまで述べてきた重要な三大栄養素以外に、ビタミンやミネラルも私たちが生きていくのに絶対に欠かせない存在です。

ビタミンやミネラルは、炭水化物、タンパク質、脂質の三大栄養素を効率よく消化・吸収させるために、補助的役割を担っている、いわば「コーディネーター（調整役）」です。主役はあくまで三大栄養素ですが、その傍らで細かく配慮しながら誘導してくれる役割を果たします。ですから、ビタミンやミネラルがないと、せっかく摂った三大栄養素を体内に充分に行き渡らせることができません。三大栄養素だけを頑張って取り入れても無駄になってしまうのです。

無論、ビタミンもミネラルも、肌や骨、血管などに直接関係するので、その面でもとても重要な栄養素です。加えて、どちらも体内ではつくり出すことができないので、毎日の食事で摂取する必要があります。**肉や魚などタンパク質の3倍の量の野菜を摂るのが理想**です。

ちなみにビタミンは、体に必要とされるもの以上に摂ると、余剰分は体外に排出されてしまいます。毎日、適量を補給していく必要があります。

一方、ミネラルは、不足すると支障をきたすだけでなく、ナトリウムのように摂りすぎが体に悪影響を及ぼすものもありますので、注意が必要です。

「偏り」の弊害とは？

私は、体づくりにおける実験を数多く試みてきました。しかも、ひとつのものを1年間食べ続けるという「荒業」もたくさん経験しています。

三大栄養素をバランスよく摂るのがいいと述べましたが、それが偏ると体がどう変化するのかということも、決して教科書的にではなく、身をもって体験して知っています。

まず、炭水化物をやめて、タンパク質だけを摂り続けるとどうなるのか？

私は、毎日、鶏の唐揚げを1キログラムずつ1年間食べ続けたことがあります。卵20個を、鯵《あじ》の開きのフライを、それぞれ毎日1年間食べ続けたこともあります。

このようにひとつのタンパク質を食べ続けるという方法は、ボディビルダーのような「見せる体」をつくるための栄養の摂り方によく見られる傾向です。

このような食生活を続けると、確かに脂肪は減り、筋肉は増えますが、体にはとても負担がかかります。

タンパク質は、消化するのに時間がかかるし、炭水化物や脂肪のように直接エネルギーにならないので、エネルギー効率はよくありません。タンパク質は直接糖に変わることなく、アミノ酸に変わり、余ったアミノ酸は肝臓でブドウ糖に変えられて蓄えられます。そして、エネルギーとして使われなかった分は排泄されてしまう……タンパク質をエネルギーに変えるのは、効率が悪いのです。

消化器官に負担がかかりすぎて、下痢を起こしたりもしていました。

炭水化物というエネルギー源を摂っていませんから、当然体にエネルギーが足りない状況です。すると常に、疲労がたまり、体がだるいと感じるのです。

また、**炭水化物を摂らないと、脳が欲している「糖」を供給することができないので、結果的に、常にイライラしているという状況に陥ります。**性格的に、闘争モードで、安定感がなくなるとも言えるでしょう。

次に、炭水化物だけを摂り続けるとどうなるのか？

私は、ご飯とお新香だけの食事を1年間続けました。

日本人はもともと農耕民族ですから、遺伝的に炭水化物を消化・吸収しやすくできています。日本人が温厚な性格なのは、そのためとも言われています。

ただし、**筋肉の材料はタンパク質ですから、その材料を摂らないと、筋肉がまったくつきません。それに、エネルギーはあるけれど、闘争心がなくなるというか、やる気が起きなくなります。**


では、脂質を一切摂らないと、どうなるのか？

「油抜きダイエット」は、とくに女性たちの間で話題を呼んだ、わりとポピュラーなダイエットです。確かに、必要のない油をカットしていくのは、余分な脂肪をつけないためにはとても大事なこと。しかし、油をまったく摂らないというダイエットには、疑問を感じます。

私は、ある日本の有名な医師に、「(毎日卵を食べる) ボディビルダーは、心臓病になるよ」と言われたことがあります。でも、私はそんなことはないと信じていましたから、それをどのように実証すべきか考えていたのです。

そんな折、3000人の心臓病の患者に卵を毎日食べさせるという実験を試み、症例をまとめたフィンランドの論文が発表されました。当時、卵は心臓病には害になるとされていたのですが、その論文によると、卵をまったく食べないグループよりも、卵を食べているグループのほうが、心臓病が改善したという結果が出ました。卵は、心臓病に、むしろいい結果をもたらしたということなのです。

この論文で明らかにされたのは、脂質の一種であるコレステロールには、高比重のＨＤＬ（善玉コレステロール）と低比重のＬＤＬ（悪玉コレステロール）がある、つまり、良質のものと悪質のものがあるということ。悪質の脂質は避ける必要がありますが、良質の脂質は体に必要だということが証明されたのです。

したがって、脂質には２種類あることをまず理解しましょう。悪い脂質は皮下脂肪や内臓脂肪になり、結果的に「メタボ」を引き起こすので、避けるべきです。

一方、**良質の脂質であるリノール酸やα‐リノレン酸は、いくらダイエット中であっても、健康を維持していくために必要**です。良質の脂質は細胞膜の原料となり、細胞自体を強くする働きがあるので、それが不足すると、体全体の免疫力も落ちてしまいます。髪はパサつき、肌はカサカサ、血管はボロボロになってしまいます。

リノール酸とα‐リノレン酸は人間の体内ではつくることができない必須脂肪酸

で、食品から摂取しなければなりません。リノール酸はコーン油、紅花油、菜種油、大豆、ピーナッツなどに、α‐リノレン酸はえごま油（しそ油）、亜麻仁油、鯖《さば》やさんまなどの青魚、くるみなどに多く含まれています。α‐リノレン酸は加熱すると酸化するので、α‐リノレン酸を含む油は生の状態で料理の仕上げにかけたりドレッシングに使うのがおすすめです。

ただし、**良質の脂質であっても、摂りすぎは禁物。**とくに、リノール酸を過剰摂取するとアレルギーが悪化したり大腸がんのリスクが高まるという報告があります。また、リノール酸とα‐リノレン酸の摂取バランスが大切で、4：1が理想と言われています。現代の日本人はα‐リノレン酸の摂取量がきわめて少ないので、脂質の全体量は増やさずに、α‐リノレン酸を多く含む食品を摂る「割合」を増やすように心がけましょう。

炭水化物とタンパク質の比率配分で痩せる！

炭水化物、タンパク質、脂質の三本柱のうち、炭水化物とタンパク質の比率を調整することによって、なりたい体をつくることができます。

ここではとくに、痩せたい人のための調整法についてお話ししたいと思います。筋肉をキープしながら脂肪を減らしていくには、期間を決めて、炭水化物とタンパク質の比率を変えていくのが、もっとも手っ取り早い方法です。

痩せたいからといって安易にトータルの食事量を減らすのは、逆効果。全体量は変えずに、筋肉の材料であるタンパク質を増やして、エネルギー源である炭水化物を減らし、体に脂肪を蓄積させせないように工夫するのです。

たとえば、もう少し痩せて美しくドレスを着たい、と仮定しましょう。1年から半年くらいの期間をかけて痩せたいと思うなら、体をこわさないように、炭水化物をタンパク質に変えて比率調整をするのがおすすめです。**通常の比率は、炭水化物：タンパク質：脂質＝60パーセント：30パーセント：10パーセントですから、炭水化物とタンパク質の比率を50パーセント：40パーセント、または40パーセント：50パーセントと次第に逆転させせましょう。3ヵ月程度と、できるだけ短期間に痩せたいということであれば、炭水化物とタンパク質の比率をすっかり入れかえて、炭水化物を30パーセント、タンパク質を60パーセントにしてもいいでしょう**（121ページの図参照）。

炭水化物とタンパク質の比率を変えて痩せる

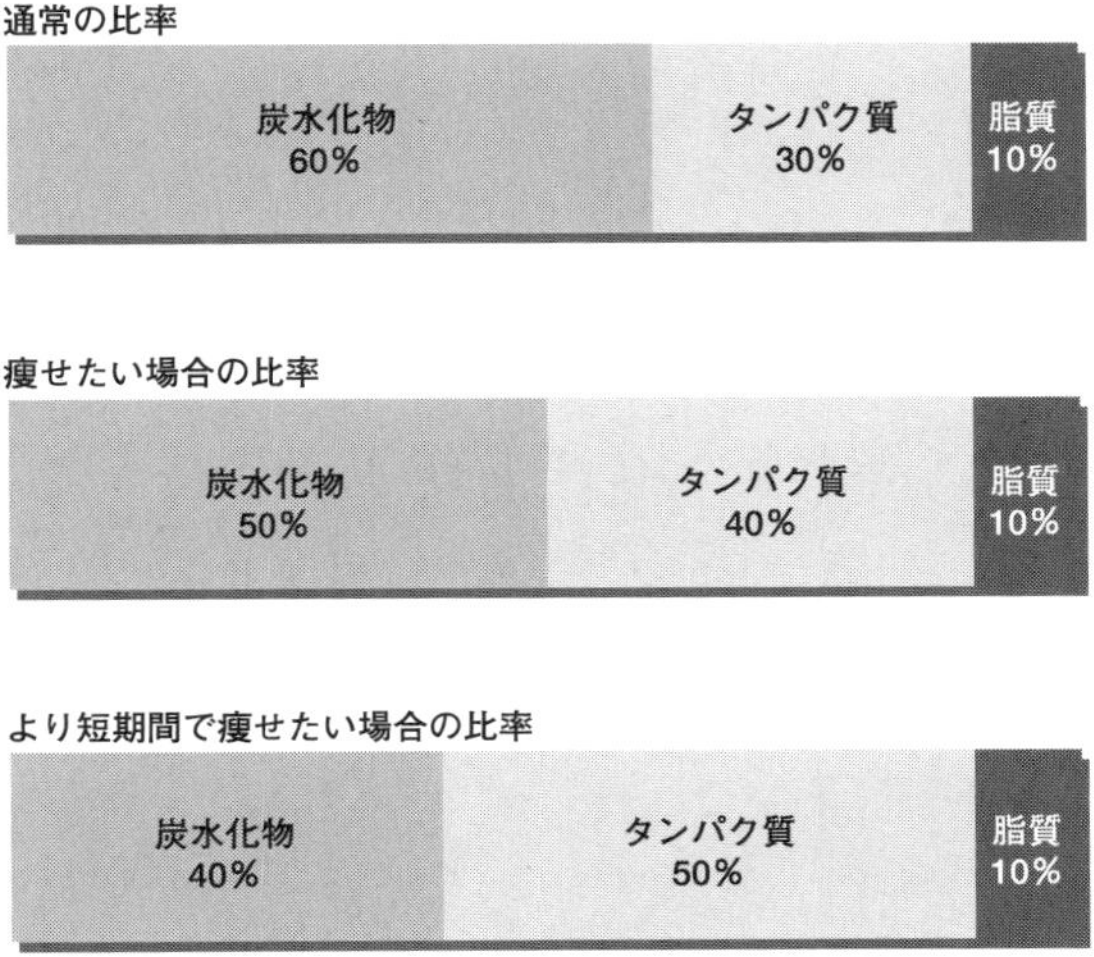

今までの食事内容を見直して、炭水化物：タンパク質：脂質の比率を60%：30%：10%に変えるだけでも自然とダイエットになるが、より積極的に痩せたい、さらに短期間で痩せたいという場合は、50%：40%：10%または40%：50%：10%にするとよい。その場合も、食事の全体量は減らさず、比率だけを調整すること。

どのくらいの期間をかけて痩せたいのか、どのくらい痩せたいのかによって、配分はその人なりに調整するのがいいと思います。

ただ、頭で考えるのは簡単なのですが、いくら短期間に痩せたいからといって、その比率を炭水化物：タンパク質：脂質＝20パーセント：70パーセント：10パーセントにするのは、じつはとても難しいことです。タンパク質のほうが炭水化物よりも材料費が高いので、経済的にも負担が大きいですし、調理するにも時間や手間がかかるので、その面でもたいへんです。つまり、このようなバランスは、現実的ではないということになるでしょう。

無理をすると、必然的に食事の全体量が減って、体を衰弱させてしまうことにもなりかねません。そのあたりも考慮に入れつつ、確実に目標を達成できる自分なりの比率を決めるといいでしょう。

そして、理想の体が手に入ったら、それをキープするために、もとの比率である、炭水化物：タンパク質：脂質＝60パーセント：30パーセント：10パーセントに戻しましょう。そのときもいきなり戻すのではなくて、次第に炭水化物とタンパク質の比率を逆転させていって、体を慣らしながら戻します。そうしないと、せっかく痩せたのに、リバウンドしてしまうという結果になりかねませんから。

細胞の材料、タンパク質にこだわる

ここで、体のすべての細胞の材料ともなる、もっとも重要なタンパク質の「質」について知っておきましょう。

ダイエットという視点でも、タンパク質はとても重要な役割を果たします。脂肪を分解・燃焼させるのに、筋肉は不可欠なもの。そしてタンパク質は、筋肉の材料そのものだからです。

また、タンパク質は体内でアミノ酸に分解されますが、その消化・吸収のメカニズムはとても複雑で、炭水化物に比べて、より多くのエネルギーを必要とします。タンパク質を摂ると代謝が高まり、必然的に体温も高くなるし、発汗も多くなるのです。つまり、**タンパク質を充分に摂ることが痩せやすい体をつくる**ということなのです。

さらに、**タンパク質が良質であればあるほど、筋肉もよく発達するし、質の高いも**

のになります。できるかぎりタンパク質の質にこだわるべきだと思います。

人間の体内では合成することができず、食物として取り入れなくてはならないアミノ酸は必須アミノ酸と呼ばれ、９種類存在しています。そして、それらが１００パーセント含まれている食品を「タンパク価１００」と呼んでいます。タンパク価の数字が高ければ高いほど、タンパク質として良質と言えます。

卵はタンパク価１００です。

次に多いのは牛のヒレ肉ですが、タンパク価60程度と、卵に比べればぐっと下がります。豚肉も同じでタンパク価60程度、鶏肉はちょっと落ちてタンパク価50程度。魚はどれも大差なく、鶏肉と同程度です。

一方、植物性のタンパク質である大豆はタンパク価40くらいになります。だから、大豆だけでタンパク質を補おうとすると、必須アミノ酸を充分に摂ることができないので、若干、動物性のタンパク質を足したほうがいいでしょう。

ちなみに、もともと日本人は体の構造が魚を消化・吸収しやすいようにできていますので、魚でタンパク質を補っていくのがいいですね。

ダイエットを考えるなら、動物性のタンパク質の中でも脂肪分の少ないものを選ぶのがいいと思います。**牛肉や豚肉ならヒレを、鶏肉ならささ身を、そして魚なら青背魚より白身魚を取り入れましょう。**

ただ、タンパク価100の卵を毎食食べ続けていれば完璧なのかというと、それも疑問です。

卵には、良質なコレステロールのほかに、悪質なコレステロールも入っています。それを毎日続けて摂っているとどうしても体にたまってくるし、体が飽きて次第に受けつけなくなります。

また、卵は、調理法によっては油を使うことがあり、カロリーが高くなる可能性があります。ですから、どんなに完璧に近いものでも、そればかりを繰り返すのはよくないと思います。食材を替えながらバランスよく取り入れていくことが重要です。

タンパク質の量を減らしたり、質を下げたりすると、筋肉のみならず、肌にも髪にも爪にも大きく影響します。タンパク質はきちんと摂るべき重要な栄養素なのです。

毎食、違うタンパク質を摂る

鶏の唐揚げ、卵、鰺の開きのフライ……私は、実験的に同じタンパク質を1年間ずっと摂り続けてみたことがあります。すると、そのタンパク質を食べることはおろか、においを嗅《か》ぐのもいや、と思うほどになりました。当然のことですが、ひとつのものに偏るのはやはり、体のためにも心のためにもよくない、バランスよく食べなくてはいけないと身をもって確かめたわけです。でも、この実験は決して失敗ではなくて、成功のもとだったと、私は思っています。

なぜ、ひとつのものを食べ続けるといけないのか？

もちろん、「飽きる」というのが大きな理由です。でも「飽きる」の裏には、「体からの声」があるような気がするのです。

人は、体の動きやライフスタイルによって、欲する栄養素がおのずと決まってくると思います。たとえば、汗をかいたらミネラルやビタミンを欲したり、エネルギーが足りないと思ったら甘いものが欲しいと思ったり……。つまり、単なる嗜好《しこう》ではなく、不足しているものを体が自然と要求している、それが自分の意思として表れているのではないかと思うのです。だから、体が要求するものを正直に受け止めて、それを食べ物として体に入れるのがいちばんいいのではないでしょうか。

私の実験のように、同じタンパク質をずっと食べ続けると、体は「ほかのアミノ酸が欲しい」と要求しているということ。飽きるということは、そのアミノ酸はもう、体に満たされているということですから。

そこで、結論。**1週間を1サイクルとして、朝昼晩、タンパク質の種類をまったく変えるのが理想的**だと思います。

動物性と植物性を交互に摂ることも可能ですし、動物性とひと口に言っても卵、牛、豚、鶏、魚と5種類もあるので、部位を替えたり調理法を変えたりなど、工夫もできるでしょう。それをひとつのサイクルとして組み合わせれば、体が飽きることがないし、おのずといろいろな種類のアミノ酸や、それにともなってミネラルやビタミンなども入ってくるので、バランスのとれた体になるはずです。

タンパク質の「無知」と「誤解」

タンパク質の重要性についてお話ししてきましたが、まだ知られていないことや誤解されていることがあるように思います。

まず、タンパク質の必要量について。

筋肉をつけるためには、体重1キログラムあたり、一日およそ1・5グラムのタンパク質を摂る必要があります。たとえば、体重50キログラムの人なら、およそ75グラムのタンパク質が必要になります。

ここで誤解されがちなのは、タンパク質75グラムを摂るには、75グラムの肉や大豆製品を食べればいいと思ってしまうこと。つまり、タンパク質の必要摂取量を、含まれている食品そのものの重量と勘違いする傾向があるということです。

たとえば、**牛ヒレ肉の場合、タンパク質の含有率は20パーセント程度。ですから、タンパク質75グラムを摂取するには、牛ヒレ肉およそ375グラムを食べなくてはならない計算になります。**これを知らないと、自分では充分摂っているつもりでも、じつはまったく足りていなかったということが起こりうるのです。

さらに、意外と知られていないのは、**タンパク質は炭水化物や脂肪と異なり、体に蓄積しておけない**ということです。

炭水化物や脂肪は、エネルギーとして使われなかった分は、体脂肪として蓄えられます。何らかの理由でエネルギーが不足した場合には、それを分解してエネルギーとして使用できるわけです。

しかし、タンパク質は、使われなかった分は尿とともに排出されてしまいます。したがって、**食事ごとにきちんと摂取しないと、体が必要とする量を確保できない**ということになるのです。

日本人はもともと農耕民族だったために、遺伝的に炭水化物をより消化・吸収しやすくできています。

一方、肉類など動物性のタンパク質や油などの脂肪分を消化するのは苦手。そのため、日本人には、脂が少ないタンパク質が向いています。具体的には魚。それも、鯖など脂が多いものは消化しにくい人もいるので、どちらかというと**脂が少ない赤身や白身の魚のほうが日本人には合っている**と思います。

また、肉類の中では鶏肉がもっとも合います。とくに**脂肪分の少ないささ身が最適。**胸肉であれば、脂肪が多い皮の部分を除くことをおすすめします。また、**豚ならヒレ肉**がいいでしょう。このようなタンパク質を選べば、日本人の体に消化・吸収されやすいはずです。

タンパク質とひと口に言いますが、知れば知るほど奥深いもの。無知や誤解をなくして、効率よく、そして最大限に生かしたいものです。

「胃壁を騙す」1割減ダイエット

痩せたい人は、食事の全体量を変えずに、炭水化物とタンパク質の比率を変えて調整するべきとお話ししました。しかしながら、それでは追いつかないという人もいるでしょう。

それは、食べすぎが習慣化して、胃が必要以上に大きくなり、肥満を招いている人。その大きな胃を満足させるだけの食事量を摂っていたのでは、その人の必要な摂取カロリーをオーバーし、どんどん体に体脂肪が蓄積してしまう人です。

このタイプはやはり、食事の全体量を減らす必要があるでしょう。健康に美しく痩せるためには、胃をできるだけ小さくして、適正な食事量で満足できるだけの大きさまで戻すのが先決なのです。

そのためにおすすめしたいのが、1割減ダイエット。食事量を急激に減らすのではなく、徐々に減らすことによって、知らず知らずのうちに胃が小さくなっていくように仕向ける方法です。

具体的には、**食事の量を2週間単位で1割ずつ減らしていきます。**このダイエットの主目的は、胃を小さくすること。今食べているよりも少量で満足できる胃に改造することです。ですから、炭水化物：タンパク質：脂質＝60：30：10の比率は守りながら、カロリーや食べ物の種類に関係なく、全体の食事の「かさ」を減らすのです。

たとえば、**毎食ご飯を茶碗1杯食べていたとしたら、まず0・9杯に減らす。それを2週間続けます。その後、さらにまた1割減、最初からカウントすると0・81杯**

にある量に減らします。この状態を2週間継続したらまた1割減らす……といった具合です。もちろん、**ご飯だけではなく、おかずの量も同様に2週間ごとに1割ずつ減らしていきます**（133ページの図参照）。

1割減という、ある意味「地味」な減らし方のメリットは、「胃壁を騙《だま》せる」ことです。それまで食べていた量の「九分目」ですから、胃をほどほどに満足させることができるのです。

「満腹感」は、胃壁に食べ物が当たる状態になることで得られるものですから、胃が大きければ大きいほど、多くの食べ物を胃に入れないと満腹感は得られません。急激に食べる量を減らしたのでは、胃は大きいままなので満足できず、常に空腹を感じ、ストレスになってしまいがち。

そこで、胃壁を騙す、つまり脳を騙すことによって、できるだけ空腹を感じないように、我慢をしなくてすむようにできるのです。健康に美しく痩せるために、そして本当に胃を小さくすることでリバウンドしないようにするために、この方法はとても有効なのです。

知らず知らずのうちに胃が小さくなる「1割減ダイエット」

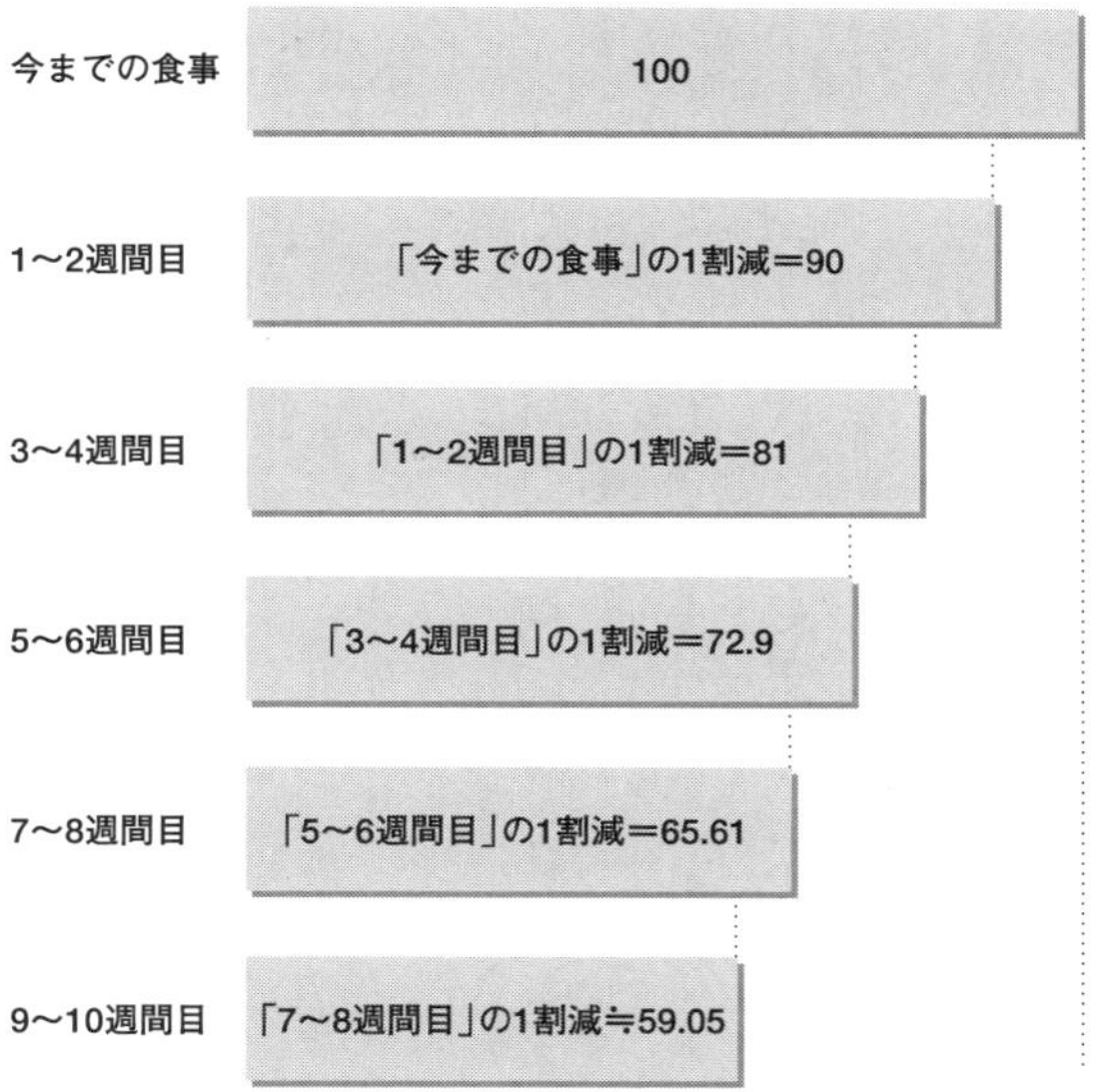

食べすぎが習慣化して胃が大きくなりすぎている人は、胃を騙しながら、少しずつ食事量を減らしていくのがおすすめ。2週間ごとに1割ずつ食事量を減らしていくと、約2ヵ月で「今までの食事」の6割の量にまで減らすことができる。

ダイエットが停滞したときの起爆剤

雑誌やテレビなどでよく、ダイエット企画が取り上げられています。その中で「ずっとコンスタントに体重が減ってきたのに、停滞して……」という話を聞くことがあります。それは、理論的に起こりうること。体を守ろうとする機能が働くために、一時的に痩せなくなるのです。

メカニズムはこう。**ダイエットすることで脂肪が減り始めると、脳は体に「SOS」を送り、防御機能が働きます。脂肪が減るということは、いざというときのエネルギーの貯蓄が足りなくなるかもしれないということ。だから体は自然と、「エネルギーを使わないようにしよう」という反応をする。脂肪が少なくなると、同じ時間をかけて同じ活動をしたとしても、消費カロリーが少なくなり、脂肪が燃焼しにくくなります。つまり、痩せれば痩せるほど、痩せにくくなる**ということなのです。

そこで、停滞したときに有効なテクニックを紹介しましょう。

体に再度、「エネルギーを存分に使っていいよ」という信号を送るために、ご褒美《ほうび》として1食だけ好きなものを好きなだけ食べましょう。すると、不思議なことに、体はまた脂肪燃焼を始めるのです。

これはボディビルダーがよく行う方法。体を「騙す」テクニックのひとつです。こうした「ダイエットの停滞現象」は、ダイエットを始めて1ヵ月ほどで起こりがち。ですから、月に一度くらい、騙しのテクニックを使いましょう。ダイエットをしながらも楽しみができて、心理的にも楽になれるのではないでしょうか。

痩せる！　太らない！　調理法のコツ

ダイエットのためには、できる限りシンプルな調理法で作られた料理が適しています。シンプルとは、なるべく油を使わないであっさりとした味に仕上げるという意味です。なぜなら、**料理を複雑にすればするほど油を多く使いがちで、脂質の割合が増えていく**からです。

炭水化物のエネルギーが1グラム＝4キロカロリーなのに対し、脂質のエネルギーは1グラム＝9キロカロリー。約2倍のエネルギー量です。したがって、脂質の50グラムは炭水化物約100グラムに相当するわけです。ダイエットを意識している人は、できるだけ控えたほうがいいでしょう。

脂質は、普通の食生活を送っていたら、とくに意識しなくても自然と摂取できるもの。肉や魚の脂は脂質ですし、ご飯やパンにも含まれているためです。食材がもつ栄養素をダイレクトに体に届け、無駄な脂肪をため込まないためには、断然シンプルな調理法に限ります。

何より**手間がかかる料理は、面倒になってどうしても長続きしません。ダイエットは継続こそが成功の秘訣。その面でもできるだけシンプルなほうがいい**と思います。

まず、揚げたり炒めたりする、食材に油を取り込む料理は避けましょう。

茹《ゆ》でたり蒸したり、あるいはグリルで焼いたりと、余分な脂を落とすことができる調理法がおすすめです。生で食べられる魚や野菜はそのまま食べたほうがいいでしょう。調理法に凝《こ》らないで簡単にできるほうが、同じ食材を使っても、摂取カロリーを抑えることが可能なのです。

そして、味つけもできるだけ凝らないほうが、ダイエット向きです。市販のソースやドレッシングは使わないように心がけましょう。ソースやドレッシングには油が含まれていて、思いのほかカロリーが高いものが多いのです。シンプルに調理しただけの食材を塩とこしょう、しょうゆとわさびなどで食べると、体にいいだけではなくて、最高においしいものです。

ちなみに、食材自体も、あまり凝らないほうがダイエットにはいいと思います。さらに言えば、高価なものよりリーズナブルなもののほうが、ダイエットには最適。たとえば、牛肉なら霜降りよりヒレ肉、まぐろの刺身ならトロよりも赤身といった具合です。

もちろん、毎食、素材も調理法も変えてバラエティに富んだ料理を作れればそれにこしたことはありません。しかし、それが面倒で長続きしそうにないという場合は、おかずをまとめて作り、それを朝・昼・晩、あるいは朝・晩と分けて食べるというのもおすすめです。調理の負担をなるべく軽くすることで、継続しやすくなるはずです。

ダイエット中のお酒の飲み方

アルコールのせいで太るという説もありますね。

わかってはいるけれど、やめられない……そう思っている人は多いことでしょう。

私自身はまったくお酒を飲みませんが、多少のアルコールなら、ダイエットに大きく影響しないと思っています。一日にビール1杯程度なら、血行がよくなり、毛細血管にまで血液が届くので、むしろダイエットにもいいのかもしれません。

もちろん、それ以上になると、逆に体が吸収するまいという反応を示し、毛細血管が引いてきます。すると、免疫力が落ちて、病気を招くことになるのです。飲みすぎは百害あって一利なしですから、自制しましょう。

アルコールそのもののカロリーが気になるというのであれば、ノンアルコールビールやカロリーの低い発泡酒などを選ぶのもひとつの手。つまみは、枝豆や空豆などの豆類や、カシューナッツやくるみなどの木の実を選ぶのがいいでしょう。

この本を読んでくださっている人たちの中には、仕事上のつき合いなどで、どうしても夜遅くまでお酒を飲みながらの外食を避けられない人も多いことと思います。

その場合は、「炉端焼《ろばた》き」のお店を選ぶことをおすすめします。

理由は、調理法が極めてシンプルだから。油を極力使わないで、素材の脂を落として調理する料理が多いからです。

たとえば、魚介類や野菜をただあぶっただけのものは、ダイエットに最適のメニュー。日常の食事もこれをヒントにするべきだと思います。

食べすぎは「予測して調整」がポイント

どんなに気をつけて生活をしていても、食べすぎてしまうことがあります。仕事上のつき合いでどうしても外食をしなくてはいけない、海外旅行などに行って通常の食事のペースがくずれてしまう……など。

その場合は、できる限り、事前に予測をして食事量を調整しておくことをおすすめします。

つまり、**「今日は食べすぎてしまう」とわかっている日は、朝食から量を控えめにして、一日の総摂取カロリーをなるべく通常と同じ程度に抑えるようにする**のです。**もしそれができないようなら、少なくとも翌日にはきちんと帳尻を合わせましょう。**先に持ち越せば持ち越すほど、とり返すのが困難になります。

「食べすぎ」をしないに越したことはありませんが、やむを得ない事情でそうなってしまった場合には、できるだけ短い時間の幅で「なかったこと」にしておく。それが太らない体をつくるポイントです。

第四章　体をデザインするための本物の運動学

運動は健康で美しい体をつくるのに不可欠

エアロビクスブーム、ヨガブーム、そしてジョギングブーム……今、運動に対する意識がとても高まっています。それ自体はとてもいい傾向だと思います。

ただ、誤解されていることも多く、それが効率的に体をつくっているとは思えない節もあります。それればかりか、自ら不健康になるような運動をしている人も多い気がしてなりません。

もっとも間違っていると感じるのは、「運動によってカロリーを消費して痩せる」との思い込み。運動自体で消費されるエネルギーは本当に微々たるもので、誤解を恐れず言うなら、「しないよりはしたほうがまし」という程度のもの。

運動の目的は、むしろほかにあります。

最終的には、健康で美しい体をデザインして、その体を一生保ち続けること。その体をつくり上げることが目的なのです。

そこで、健康になることを大前提に、体をデザインするということはどういうことなのか。そのための運動とは……？

そんな視点で本物の運動学についてお話ししたいと思います。

「運動さえしていれば痩せる」は大間違い

「メタボ」という言葉が世の中に広まるのと相まって、運動に対する意識や意欲が次第に高まってきています。男女問わず、年齢問わず、自分の体力やライフスタイルに適した運動を見つけ、続けている人が増えているのは、とても喜ばしいことです。

しかし、中には、間違った認識をもっている人たちもいます。それは、「運動さえしていれば痩せる」という考え。もちろん運動は、「痩せる＝脂肪を減らす」ことに大きく関与しています。でも、皮下脂肪や内臓脂肪は、エネルギーのかたまり。残念ながら、運動だけですぐになくせるほど、柔《やわ》なものではないというのが真相です。

ここで、脂肪の燃焼の仕組みを知るために、人間のエネルギーがどのように使われるかについて、お話ししておきましょう。

なぜ、筋力トレーニングで脂肪を「分解」できるのか？　その仕組みに大きく関わっているのが、「成長ホルモン」だからです。

成長ホルモンは、脂肪を分解させるスイッチそのものです。したがって、痩せたいと思うなら、脂肪を減らしたいと思うなら、まず、成長ホルモンを分泌させるような運動をしなくてはいけないということなのです。

そして、成長ホルモンを分泌させるのに必要なのは、ベンチプレスやスクワットなど、体に負荷をかける筋力トレーニングです。ジョギングやウォーキングなどの有酸素運動では、成長ホルモンがあまり分泌されません。つまり、**筋トレこそが脂肪を分解させる運動**なのです。

したがって、脂肪を減らすには、「筋トレ＋有酸素運動」をワンセットで取り入れること。有酸素運動は、筋力トレーニングのあとに行って初めて、脂肪燃焼という効果を発揮するのですから。

「筋トレ→有酸素運動」で 効率よく脂肪を分解・燃焼

筋力トレーニング

クランチ、スクワット、プッシュアップなど、筋肉に負荷をかけて行う無酸素運動。

↓

成長ホルモン分泌

筋力トレーニングによって筋肉内に乳酸がたまり、それを処理するために成長ホルモンが分泌される。

↓

脂肪分解

成長ホルモンの働きで脂肪の分解が促進される。脂肪が脂肪酸とグリセリンに分解され、燃焼しやすい状態になる。

↓

有酸素運動

ジョギング、ウォーキングなど、酸素を取り込みながら行う運動。

↓

脂肪燃焼

脂肪が分解された段階で有酸素運動を行うことで、効率よく脂肪燃焼できる。

脂肪を燃焼させるには、まず分解して燃焼しやすい状態にしなければいけない。そのためには、脂肪分解のスイッチとなる成長ホルモンを分泌させる筋力トレーニングが必要。先に筋力トレーニングを行わないと脂肪が分解されていないので、有酸素運動だけを行っても脂肪燃焼効果は得られない。

ウェイトトレーニングでも脂肪燃焼できる

ウェイトトレーニングやスクワットなどのいわゆる「筋トレ」は、筋肉をつけるには有効だけれど、脂肪を燃焼させる効果はない……そんなふうに思っている人も、多いのではないでしょうか？

でも、じつはそれも誤解です。

ウェイトトレーニングには、２種類あります。

まず、負荷を軽くして回数を多く行うものを「高回数ウェイトトレーニング」と呼んでいます。これは、負荷があまりかからないので、比較的楽なトレーニングで、回数をたくさん確保できるという特徴があり、酸素を取り込みながら行うので、有酸素運動になります。したがって、「高回数ウェイトトレーニング」は、ウォーキングやジョギングのかわりになる運動と言えるでしょう。

それに対して、負荷を強めて行うものは「低回数ウェイトトレーニング」と呼びます。こちらは重い負荷がかかっているためにそれほど回数を重ねることはできませんが、酸素を必要としない無酸素運動で、しっかりと筋肉をつけるトレーニングです。

したがって、「低回数ウェイトトレーニング」をしてから「高回数ウェイトトレーニング」をすると、「筋トレ＋有酸素運動」という脂肪燃焼コースが可能になるのです。

ただし、高回数ウェイトトレーニングで有酸素運動の効果をきちんと得るには、回数やペース、インターバルなどの設定にテクニックが必要。ウォーキングや自転車のほうが手軽ではあります。

痩せるための理想的な「筋トレ」

筋肉をつけながら、脂肪を落として痩せるためには、栄養をきちんとコントロールしたうえで、効率を考えた正しい筋力トレーニングを行うのが理想的です。

具体的な方法についてはこの章の最後で詳しく説明しますが、このトレーニング法は、私が長年、自分の体で実験を繰り返してたどりついた、いわば理想形。そんなに難しいものでもハードなものでもありません。普通の体力ならば、手軽にこなせるメニューです。

とはいえ、無理をしたのでは本末転倒。痩せないどころか、健康を害してしまう恐れもありますので、自分の体力に合わせて、自分のペースで行うことが大切です。

大きく分けて、上半身と下半身のトレーニングがあります。

上半身のトレーニングは、①もも上げウォーキングでウォーミングアップ、②柔軟性を高めるストレッチ、③おなかの筋肉を鍛えるクランチ、④胸の筋肉を鍛えるプッシュアップ、⑤背中の筋肉を鍛えるベントローイング、⑥肩の筋肉を鍛えるショルダープレス、⑦腕の筋肉を鍛えるアームカール、⑧二の腕の筋肉を鍛えるリバースプッシュアップの8ステップ（180〜187ページ参照）。

下半身のトレーニングは、①もも上げウォーキングでウォーミングアップ、②太ももとお尻の筋肉を鍛えるスクワット、③同じく太ももとお尻の筋肉を鍛えるレッグランジ、④ふくらはぎの筋肉を鍛えるカーフレイズの4ステップ（188〜191ページ参照）。

すべて行うことで全身をバランスよく鍛えることができるようにプログラムされた12ステップで、所要時間は30分程度です。

全身のバランスをとるためにも、そして脂肪分解の効率を考えても、一度に上半身と下半身のトレーニングを行うのが理想的ですが、体力的に、あるいは時間的に難しいようであれば、分けて行ってもいいでしょう。

理由は後述しますが、筋力トレーニングは、週に2回が理想的です。もし、週に2回は体力的に無理、あるいは忙しすぎてそんなに頻繁にトレーニングの時間がとれないということであれば、週に1回からスタートして、体力的・時間的な負担の様子を見ましょう。

また、ほとんどのトレーニングは「10〜15回×3セット」が基本です。もちろん、体力的に無理ならば1セットからスタートし、様子を見て次第に増やしていってもかまいません。

それぞれのトレーニングおよびセットの間のインターバルは1分程度が理想でしょう。ただこれも、自分の体力次第。1分では短すぎてつらいと感じるようであれば、もっと長くとってもいいと思います。

もう少し、専門的にお話ししましょう。

トレーニングのしかたには、「セット法」と「サーキット法」があります。「セット法」とは、同じ部位のトレーニングを何セットも集中して行うもので、とくに筋肉を肥大させるのに効果的な方法です。

一方、「サーキット法」は、部位をかえながら全体の流れとしてトレーニングを行うもので、筋肉の持久力を高めるために効果的な方法です。

上級者になれば、目的に応じて、プログラムを組んでみるのもいいでしょう。

ちなみに、ダイエットには「セット法」が向いています。なぜならセット法のほうが筋肉量を増やすことに適しており、それによって基礎代謝が上がり、脂肪燃焼しやすい体になるからです。

大切なのは、自分が何のためにトレーニングをしているのか、どこを引き締めるためにトレーニングをしているのか、という意識を明確にもつこと。義務感にかられて、ただなんとなくしていたのでは、まったく意味がなくなってしまいます。

そして、自分に必要な、自分に効果のある「質」と「量」を見極めて、コントロールしながらトレーニングすることも大切です。

無理のない範囲で行うことももちろん大事ですが、**効果を上げるためには「少しきついな」と思えるくらいの負荷をかけなければなりません。**効果が得られないとトレーニングの意味がなくなりますし、効果が実感できないことによって、長続きしないことも考えられます。

「おなかを引き締めたい」「胸の厚みを増したい」「二の腕をほっそりさせたい」など、それぞれに強化したい部分があると思います。美しい体、痩せやすい体を目指すなら、全体をバランスよく鍛える必要がありますが、とくにデザインしたい部分に関しては、そのトレーニングの回数を増やすなどして、強化していくといいでしょう。

また、家で筋力トレーニングを行う場合には、そのあとお風呂に入るというのをワンセットにして行うのがいいと思います。あとで詳しく述べますが、お風呂は入り方を工夫すれば、ジョギングやウォーキングにかわる有酸素運動になります。筋力トレーニングと組み合わせることによって効率的な脂肪燃焼が期待できるのです。

注意点として、トレーニングの際は、常に水分を補給しながら行ってください。発汗が促され、代謝効率が上がります。

さらに、運動量が多ければ多いほど、休養もたっぷりとるよう心がけてください。睡眠は8時間が理想、昼寝もできるのであれば、10分でも補ったほうがいいと思います。何より無理は禁物です。

痩せるという目標を掲げるのはおおいに結構なことですが、目標に到達したからといってすぐにやめてしまうのでは、元の木阿弥《もくあみ》です。理想の体をキープするためにも、ぜひ自分のペースで続けてほしいと思います。長く続けてこそ、美しく健康な体が手に入ります。さっそく今日から始めましょう。

「筋トレは週2回」がもっとも効果的

「筋トレは週に2回行うのが理想的」と述べましたが、それには、効果を生むうえで、明確な理由があります。

筋力トレーニングは、筋肉をつくるために行うもの。つまり、筋肉に刺激を加え、一度ダメージを与える行為です。その後、筋肉を修復させるだけの休養をとって初めて、筋肉が増大するのです。

ダメージを受けた筋肉が完全に回復するには、通常48〜72時間を要するという生理学上のデータがあります。つまり、**筋トレをしてから2〜3日は休まないと、筋肉はつくられない**のです。

専門的には、**筋力トレーニング後、休養をとることでそれまでよりも筋肉の総量が増えることを「超回復」と呼びます。**

この超回復のタイミングで筋トレを行い、そして2〜3日後の超回復のタイミングでまた筋トレを行う、というふうに繰り返すことによって、効率的に筋肉が発達するのです。

早く痩せたい、早く体をつくりたいと焦っている人の中には、なるべく多くトレーニングをしたほうがいいとか、できる限り行ったほうがいいといった誤解をしている傾向がありますが、毎日行ったからといって効果が倍増するわけではありません。

むしろ、筋肉が回復しないうちにまた筋力トレーニングを行うことで、筋肉がダメージを受け続けて、思うような効果が得られないばかりか、筋肉が痩せ細ってしまうという可能性も否めません。

もちろん、週に2回以上行うと、単純にオーバーワークになってしまい、疲れがたまってしまうことも考えられます。

私自身、トレーニングをしていて、2日の休みでは少し足りない、3日休むと調子がすこぶるいい、と実感しています。「1週間が8日間ならちょうどいいのに」と思うくらいです。


それでは、逆に、休養をとりすぎるとどうなるのでしょう?

必要以上に間をあけすぎると、一度筋力トレーニングを行って「超回復」して増大した筋肉が、またゼロに戻ってしまいます。すごろくで先に進めていた駒をまた「ふりだし」に戻さなくてはならないようなもの。せっかく行った筋トレを無駄にしないためにも、できる限り「週2回、2〜3日おき」を目指しましょう。

運動には適した時間帯があった！

運動と時間の関係性については、あまり触れられていませんが、じつは運動には適した時間帯があります。同じ運動をしても、効果が出やすい時間帯とそうでない時間帯があるのです。

最近では、現代のライフスタイルの多様化に対応するために、24時間フルに営業しているトレーニングジムなどもありますし、「アフター5」に対抗して「ビフォー9」という言葉も生まれているようです。つまり、朝の出勤前の時間を利用して運動をする人たちが急激に増加しているのです。

これは、運動に対する意識がそれだけ高まっているという証。この傾向自体は、喜ぶべきものだと思いますが、ただ私は、**朝の運動をおすすめしません。**

その理由はまず、何も食べないで行う朝の運動はとても危険であること。細胞自体が目覚めていないし、血液がどろどろになっているために、運動が致命的な病気の引き金になってしまう可能性があるからです。

でもそれ以前に、**朝のトレーニングは、じつはあまり効果的ではない**から。それがもうひとつの大きな理由です。

私は以前、朝のトレーニング、夕方のトレーニングをそれぞれ1年間ずつ続け、どちらが効果を生むのかを実験したことがあります。その結果、同じ運動をしても、朝より夕方のほうが効果が高いことがわかりました。

たとえば、上半身を鍛えるためのウェイトトレーニングであるベンチプレス。ベンチにあおむけになって胸の位置でバーベルを持ち上げる、比較的ポピュラーなトレーニングです。

私は当時、150キログラムという重量でこのトレーニングをしていましたが、朝行うと、パワーがまったく出なくて、ほとんどバーベルが上がらない。たとえ上がったとしてもやっとのことで持ち上げるといった状態で、体にかなりの負担がかかっていました。ところが、夕方に同じトレーニングを行うと、ぱっぱっとリズミカルに持ち上げることができるのです。明らかに夕方のほうが「運動能力」が高いと実感したのです。

その後、生理学の専門書で調べたところ、**自分がもつ最大限の力を100とすると、朝はそのうちの40〜50しか出すことができない**ということがわかりました。

理由はやはり、体の細胞が目覚めていないから。筋肉も血管も内臓も、何もかも目覚めていないから、力が入らないのは当然のことなのです。それは睡眠中、全身の細胞が休養していたため。最も早く目覚めるとされる消化器系でさえ、きちんと目覚めるのは起きてから1時間から1時間半、筋肉はさらに遅くて、3時間くらいかかると言われています。その証拠に、朝は体温が低いでしょう？　必然的に免疫力も低いので「戦闘態勢」がまったく整っていない状態と言っていいでしょう。

それに対して**夕方は、すっかり体が目覚め、体温ももっとも高い。一日のうちで活動にもっとも適していて、100あるうちの80の力を発揮できる時間帯**なのです。

したがって、**仕事を終えてから夕飯までの間にトレーニングを行うのをおすすめします。**同じ運動を行うなら、できるだけ効果の高い時間を選ぶべきです。

さらにつけ加えると、トレーニングを休みの日に行うからといって、平日のトレーニングと時間帯をあまり変えないほうがいいでしょう。夕方がトレーニングに最適であるのはもちろんですが、**人は「習慣性」がある動物なので、同じ時間帯のトレーニ**

ングを習慣づけると、脳がそれを記憶して、その時間になると体が自然に「戦闘態勢」に入り、おのずと運動の効果が高まるというわけです。

また、トレーニングを行うのは、寝る直前は避けましょう。トレーニングをした直後は、交感神経が活発になっているため、そのまま眠っても、充分な休息が望めないからです。トレーニング後、眠るまでに最低2時間は確保するほうがいいでしょう。

ただ、現代のライフスタイルでは、どうしても夜遅くにしかトレーニングの時間をとることができないという人もいると思います。

私自身も、忙しすぎて午後11時にしかトレーニングができないという状況が続いたことがありました。そのときは、すべての生活パターンを「時差」のように、後ろにずらして帳尻を合わせます。午後11時にトレーニングをし、その後、ぬるめのお風呂にゆっくり入って体を休め、午前1時くらいに寝ればかまいません。たとえ、寝る時間が遅くなっても、トレーニングを朝に行うよりは、断然効果も上がりますし、危険性も低いはずです。

できれば、トレーニングは休みの日に行うのが理想的ですが、平日にトレーニングを行う場合には、食事時間や就寝時間なども考慮に入れて、うまくプログラムに組み込んでください。

どちらにせよ、**トレーニングは同じ曜日、同じ時間帯に行うようにして、できるだけペースを乱さないほうが、効果が上がります。**

運動の順序次第で効果はマイナスにも120パーセントにも

同じ運動をすれば、順序がどうであれ、カロリー消費量は同じ……そう思いますよね。でもじつは、運動にも効果的な順序があります。どちらを先に行うかによって、トレーニング効果に大きな差が生じるのです。また、順序を間違えると、効果を生むどころか、体を痛めてしまう恐れもあるということを知っておきましょう。

あまり意識されていないのは、有酸素運動と筋力トレーニングの順序です。

脂肪を分解して、燃焼させる。その仕組みを知ったら、絶対に筋力トレーニングが先、そのあとに有酸素運動という順序で行わないと意味がなくなるということは、おのずとわかるでしょう。

そして、**筋力トレーニングは、上半身が先、下半身はそのあと、が正解**です。

その理由は、まず、貧血になりにくいということ。

下半身の筋力トレーニングを先に行うと、脳に必要な血液までも下半身に行ってしまうことがあります。また、脚はとくに筋肉量が多いので、より多くの血液が必要とされますし、一度下半身に行った血液は脳に戻るのに時間がかかるので、貧血を起こすことがあるのです。

次に、上半身を先に動かすことによって、脳にも刺激が行き、効果が増すということ。

私たちの体は脳の指令によってコントロールされているので、筋肉に対しての働きかけも脳の活性が大きな意味をもちます。脳を刺激することによって神経が活性化されるし、成長ホルモンをはじめとするさまざまなホルモンも分泌されやすくなります。つまり、脳への刺激で「戦闘態勢」になることで、運動効果がより高まるのです。

そして、筋肉量の多い下半身を先に動かすと疲れてしまって、トレーニングをきちんと最後まで終えることができない場合もあります。

筋力トレーニングとは一度筋肉にダメージを与える行為ですから、筋肉量が多いということは、すなわち負担や疲れもそれだけ多いということなのです。

ほかにも、上半身のトレーニングを先に行うことによって、故障しにくい、長続きしやすいといったメリットがあります。

順序次第で、トレーニング効果はマイナスにもなれば120パーセントにもできる、それが真実です。

「意識」が運動効果を倍増させる

筋力トレーニングをするときに、「ここを鍛えるんだ!」と、鍛えている部位に意識を集中させたほうがいいと言われたことはありませんか?

確かに、そのほうが断然、効果が上がります。意識がまったく別のところにあると、筋肉は言うことを聞かず、思うように発達しません。

そんなのは観念的なことなのでは？　と思っている人もいるかもしれませんが、事実、科学的にも明らかに効果が上がることが証明されているのです。

なぜなら、**体の一部に意識を集中することによって、そこに血液が集中する**から。**毛細血管が末端までのび、それを追いかけて神経がそこまで届く**からです。**血液や神経が末端まで行くということは、すべての能力や感覚が研ぎ澄まされるということ。当然、栄養も筋肉のすみずみまで行き渡ります。すると、筋肉が発達しやすい**のです。

試しに、親指と人差し指、両方の指の腹を重ね合わせ、意識を集中させて思いきり力を入れてみてください。指先に血液が集まり、しばらくすると指と指の間がじんわりと湿ってきます。ところが、無意識でそれを行っても、そこまでの力は入らないはずです。つまり、意識するか否かで、大きな違いがあるということ。

同じ理由で、**テレビを見ながら、本を読みながらなどの「ながら運動」では、思うように効果が上がりません。**

最近では、音楽を聴きながら、あるいは本を読みながら、ジムのエアロバイクやランニングマシーンで運動をしている人をよく見かけますが、それははっきり言って「二兎を追うものは一兎をも得ず」。脳が音楽や本に夢中になって、筋肉に意識が行きにくくなります。きちんと意識を集中させて行う運動と比較すると、効果は半減。半年でつけられるはずの筋肉が、1年、1年半かけても思うようにつかないということが起こりうるのです。

効果の有無だけではありません。意識が散漫になることによって、思わぬ事故やけがを引き起こす場合もありますので、「ながら運動」は絶対に避けるべきです。

車を運転する人なら、わかるはずです。たとえば、運転中に携帯に電話がかかってきたとします。それまでは視界に入るものすべてを意識し、バックミラーで背後の確認もしていたのに、電話がかかってきたとたん、うわの空。どこをどう走ったのか、どのように曲がったのかさえまったく覚えていない……という経験はありませんか？どちらにも集中できないし、注意力は奪われる。車の運転も電話も中途半端に終わるどころか、大きな事故につながってしまう恐れのある危険な行為です。道路交通法が改正されて、運転中の携帯電話の使用が禁止されたのは、そのリスクが科学的に証明されているからにほかなりません。

たとえは極端ですが、「ながら運動」は、運転中の携帯電話の使用と同じです。私自身、以前、英語のリスニングをしながらトレーニングを行ったことがありますが、どちらも「もの」になりませんでした。

ちなみに、音楽を聴いたり本を読んだりしながら運動を行うのは、そのつらさや苦しさを紛らわせるためだと聞いたことがあります。でも、そもそも運動の効果は、つらさや苦しさが生むもの。筋肉にダメージを与えることが目的なのですから、つらかったり苦しかったりしないと意味がないのです。

入浴はれっきとした有酸素運動

お風呂で脂肪を燃焼させるというダイエットも、女性たちの間では、常識になっているようですね。確かに、お風呂の入り方を工夫すれば、れっきとした有酸素運動になります。

ですから、**お風呂に入る前に筋力トレーニングを行って脂肪を分解しておけば、お**

風呂で脂肪燃焼が狙えます。筋力トレーニングで脂肪分解、そして有酸素運動で脂肪燃焼というプログラムで脂肪を減らすと説明しましたが、「筋トレ＋入浴」を1セットにすれば、わざわざジョギングやウォーキングを取り入れなくても、それが一挙にかなってしまうというわけなのです。

脂肪燃焼に最適のお風呂の入り方について、説明しましょう。

まず、お湯の温度は少し熱めの42℃程度に設定します。バスタブに5分浸かり、5分出る、また5分入り、5分出る、といった具合に、出たり入ったりを何度か繰り返します。すると、消費カロリーが一気に増し、脂肪が燃焼します。

その際、バスタブから1回出るごとに、20℃くらいのぬるま湯のシャワーを浴びると、より代謝が高まります。体温が上がって血管が拡張したところに、ぬるま湯のシャワーを浴びて温度を下げることによって、血管が収縮します。これはまさに、自然の「加圧効果」と言っていいでしょう。

なお、水のシャワーは温度が低すぎて心臓に負担をかけることにもなりかねないので、避けましょう。

ただ、今、しきりにダイエットや健康のためにすすめられている「半身浴」に関しては、私は疑問をもっています。心臓に負担をかけないためにぬるめのお湯に比較的長い時間、心臓より下の半身を浸けるという方法ですが、その間に上半身が冷えてしまうことのほうが心配です。

ダイエットには血流を促して代謝を高めることが重要なポイントになりますが、それには5分交互入浴法のほうが、断然、効果的だと思います。

年齢を重ねるほど運動が必要

人は、普通に日常生活を送っているだけでは、年齢を重ねるごとに筋肉を失っていきます。

平均すると、50歳をすぎると、1年に450グラム減少すると言われていますから、10年でおよそ4・5キログラムもの筋肉が減少する計算になります。つまり、20年でおよそ9キログラムの減少。脅かすようですが、これでは自力で動けなくなって、寝たきりになってしまう可能性だってあるでしょう。

筋肉は目に見えているものだけではありません。自分の意思で動かせる「随意筋」のみならず、心臓や胃腸などの内臓を構成している「不随意筋」という筋肉も減少するということを自覚しなくてはいけません。

一方、脂肪は、年齢を重ねるごとに、どんどんつきやすくなります。

第二章で述べたように、生命の維持に必要な最低限のエネルギーである基礎代謝量は、年齢を重ねるごとに減少していきます。したがって、生活を変えないのであれば、年齢とともに食事をコントロールしていかないと、次第に摂取カロリーが消費カロリーを上回り、その余剰分が体脂肪として蓄積されることになるのです。

要するに、**年齢とともに筋肉は減り、脂肪は増える。**それが現実です。

ただ、「年齢のせいだから」とあきらめてしまうのは、早計。誰にも訪れるこの「老化現象」は、運動で食い止めることができます。誤解を恐れず言うなら、運動でしか食い止めることができないと言っても過言ではないでしょう。

まず、筋肉の減少は、運動でしか防げません。

そもそも「筋肉をつくる」とは、どういう原理なのでしょう？

筋肉は、一度ダメージを与え、回復させることによって、ダメージを与える前よりも強くなります。それを繰り返して初めて、筋肉が増加する。すなわち、これが、筋肉がつくられるということなのです。

ダメージを与えるというと、悪影響のように聞こえるかもしれませんが、そうではありません。筋力トレーニングで、今ある筋肉を一度破壊し、修復させて新たな筋肉をつくり直すというとわかりやすいでしょうか。つまり、筋肉をフレッシュなものに代謝させるのです。

加齢による筋肉の減少を食い止めるためには、年齢を重ねるほどに、より多くの筋力トレーニングをしなくてはならないということなのです。

脂肪燃焼に関しても、同様のことが言えます。

脂肪の分解・燃焼には、成長ホルモンが大きく関わっています。成長ホルモンは年齢とともに減少しますが、筋力トレーニングによって、生きている限り分泌させ続けることができるのも事実です。

つまり、ほうっておくと加齢とともに増えていく脂肪を、減らしたりキープしたりするためには、それ以上に分解・燃焼しなくてはならない。よって、**成長ホルモンを分泌させるための筋力トレーニングは欠かせない**というわけなのです。

改めて断言しましょう。年齢を重ねれば重ねるほど、運動をする必要があります。人生のクオリティをより高いものにするために、健康で若々しくいるために、運動は不可欠なのです。

余談ですが、現代は、年齢を重ねた人をいたわっているように見えて、そのじつ、運動不足になるように仕向けている社会だと思います。たとえば、駅のエスカレーターやエレベーター。本来ならば、階段を上れるだけの体力と気力をもつ人が、階段を上らなくてもすんでしまいます。電車の優先席だって、そう。立っていられるだけの体力と気力があれば、そのほうがさらなる若さを引き寄せるのに……。現代の社会環境の「過保護」も、私たちの運動不足、ひいては不健康を助長させる大きな要因なのではないでしょうか。

運動不足は病気の引き金

人が運動をしなくてはならないのはなぜか？

「筋肉を維持していくため」はもちろんですが、ほかにも理由があります。

私の苦い経験をお話ししましょう。

今から10年以上前のこと。当時、私は、マンツーマンでおよそ30人に運動療法を施していて、今以上にハードな生活を送っていました。休んでいる暇などないし、極端に言うと、食事も飲み込んで終わらせているようなひどい状況でした。

兆候はまず、一過性脳貧血として現れました。電車に乗っていると気分が悪くなり、各駅で下車して、ベンチで休んだり、深呼吸したり……。その後もなんとなく不調が続いていたのですが、対処法もわからず、「単なる疲れだろう」「いずれ治るだろう」とほうっておきました。体重は97キログラムとプロレスラーのように体格がよかったし、50歳なのに肩凝りも経験したことがなかったので、「自分は健康体」と高をくくり、さほど気にとめていなかったのも事実です。

ところが、それから2～3年後のある日のこと。仕事中に貧血を起こし、かなりひどい状況だったので、救急車で病院に行きました。思えば、そのころ、いつも宙に浮いている感じでしっかりと歩いている感覚がなく、頻繁にめまいを起こしていた気がします。しかし、脳も心臓も、くまなく検査してもらいましたが、結局原因はわからないままでした。

そんな中、私が運動指導していたある鍼灸師《しんきゅうし》の男性がやってきたときに、「顔色が悪いですね。ちょっと寝てください」

と言って、3時間かけて丁寧にマッサージしてくれたのです。そこで初めて、この不調の原因が「凝り」だとわかった。プロであるはずの自分でもわからなかった、そして病院で診察してもらってもわからなかった原因がわかったのです。

そして、彼に言われました。

「先生は、車にたとえると『ポルシェ』です。永久に動かし続けないといけない性能のエンジンなのに、止めていたんじゃないですか？」

そう、あまりに忙しすぎて、トレーニングを怠っていたことを、ずばり指摘されたのです。常に動かしていないと性能が保てないエンジンを、ほったらかしにしてほとんど動かしていなかったために、気づかないうちに錆《さ》びつかせてしまったというわけなのです。

人間はどんなに忙しくても、第一欲望、すなわち食欲を抑えようとはしません。たとえ寝ていなくても、栄養を摂ることをおろそかにしないし、それどころか、余計に食べすぎたりするケースもあるくらいです。

ところが、運動はどうでしょう？　時間がない中でもっともおろそかにされがちなものではないでしょうか？

そのころ、運動を職業とする私でさえ、忙しすぎて、以前は毎日定期的にしていたトレーニングが、10日に一度というペースにまで減っていました。すると血行が悪くなり、末端まで血液が行かなくなる。そして免疫力が低くなり、病気の因子を呼び寄せ、不調が現れる……。私はそういう状況だったのです。

運動不足であるにもかかわらず、栄養はたっぷり摂っていましたから、見た目には健康体。でも中身は筋肉の上にたっぷりと脂肪がのっている状態で、とても不健康だったのだと思います。その後、講習を少し休んで自分のトレーニングをしたら、すっかり元気を取り戻しました。

「医者の不養生」とはまさにこのこと。運動にいちばん近い存在で、他人に指導する立場にありながら、それを怠ることによって体に不調をきたしたのですから。

やはり、人には適度な運動が必要だということ。もちろん、それに見合った休養も必要です。それを身をもって知った、苦い経験でした。

筋力トレーニングの美肌効果

急激な減量をすると、皮膚が伸びきった状態のままになり、急に老けた印象になる危険性があります。とくに女性の場合は、深刻な問題です。

人間は「輪切り」の状態にしてみると、外側から、皮膚、皮下脂肪、筋肉層、内臓という構造になっています。よって、皮膚は、その人の中身、すなわち皮下脂肪、筋肉層、内臓に合わせて自然と張った状態で覆《おお》っているわけです。それが一気に減量をすると、皮膚は変化についていけなくて、たるんでシワになってしまいます。したがって、美しく健康的に痩せるには、皮膚のことも考えたダイエットでなくてはなりません。

皮膚にハリがある状態をキープするためには、ゆっくり時間をかけて脂肪を減らすことが必須条件。膨《ふく》らんでいた「風船」を急にしぼませて、伸びきったゴムにしてしまうのではなく、ゆっくりと空気を抜いて、ゴムが変化に慣れるだけの時間を与える必要があるのです。

そしてもうひとつ、**同時に筋肉を鍛えなければなりません。**

それにはふたつ理由があります。

ひとつは、単純に、皮膚の内側にある筋肉を鍛えることによって、物理的に内側から皮膚を押し上げて、ぴんとしたハリをキープすることができるから。

そしてもうひとつは、成長ホルモンを分泌させるためです。**肌の再生や若返りにも大きく関与している成長ホルモン。その成長ホルモンは、筋力トレーニングによって分泌を促すことができる**からです。

つまり、筋力トレーニングは、美肌にも効果あり、というわけです。

脂肪分解＆燃焼を促す
筋力トレーニング

次ページから、理想的な筋力トレーニングをイラストで紹介します。すべて行うことで全身をバランスよく鍛え、脂肪分解＆燃焼を促すための筋力トレーニングは、上半身の８ステップと下半身の４ステップに分けられます。

上半身と下半身のトレーニングを一度に行うのが基本ですが、体力的に、あるいは時間的に難しいようであれば、分けて行ってください。

ほとんどのトレーニングは「10〜15回×３セット」が基本。それぞれのトレーニングおよびセットの間は１分程度のインターバル（休憩）をとりましょう。

筋肉を効率的につくるには、週に２回、２〜３日おきに、夕方に行うのが効果的です。

できるだけ同じ時間帯に、動きやすいウェアに着替えて行うのが理想的です。

[Part I] 上半身トレーニング

① もも上げウォーキング（ウォーミングアップ）

●3〜5分が目安

まっすぐに立ち、腕を大きく振って太ももを高く上げ、その場でゆっくり足踏みする。

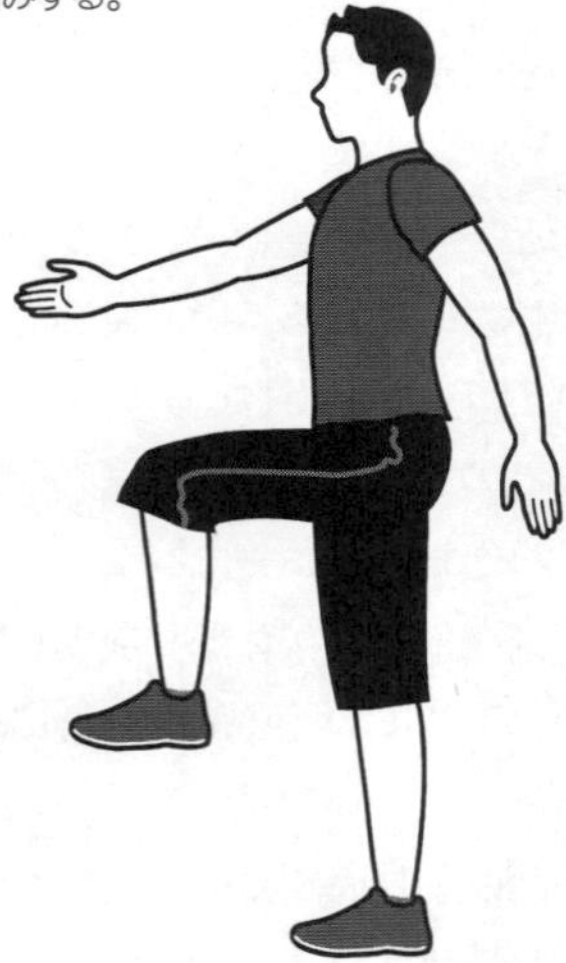

② ストレッチ

● 2～3分が目安

両脚を開いて床にすわり、
前、左右とゆっくり体を倒
してストレッチ。

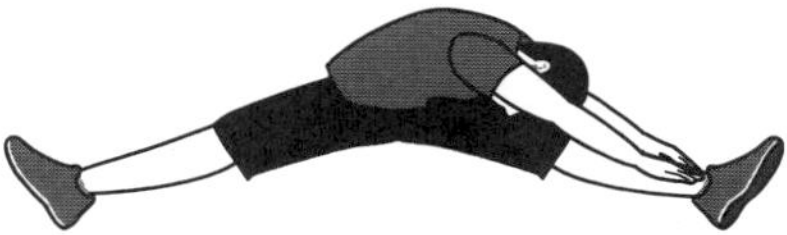

③　クランチ

●10〜15回を1セットとして3セット
●鍛える部位＝おなか

あおむけになり、足を台の上にのせて（あるいは膝を立てて）、頭を床から離す。

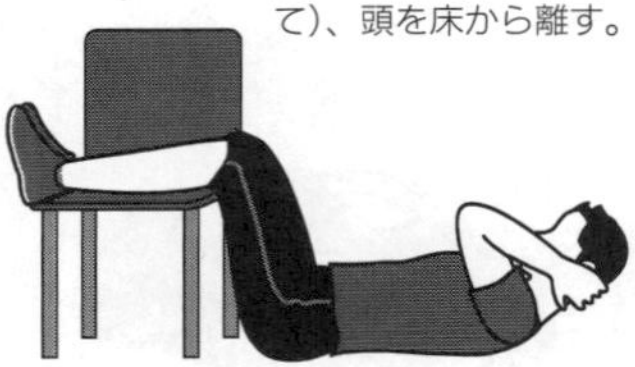

肩甲骨が床から離れるくらいまで、腹筋の力だけで上体を起こす。

④　プッシュアップ

●10〜15回を１セットとして３セット
●鍛える部位＝胸

両手と両膝を肩幅に開いて
床につき、体を支える。

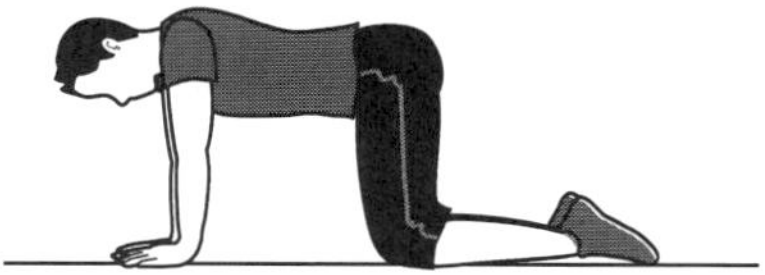

肘を曲げ伸ばしして、
腕立て伏せをする。

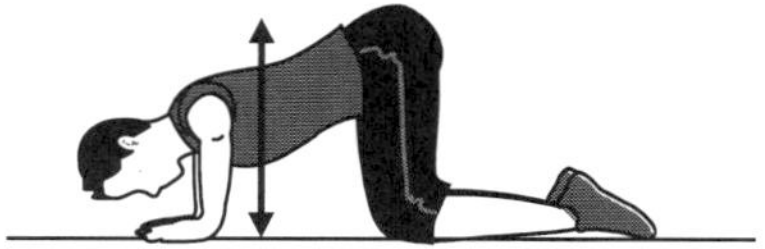

⑤　ベントローイング

●10〜15回を1セットとして3セット
●鍛える部位＝背中

足を肩幅に開いて立ち、膝を軽く曲げる。水500mlを入れたペットボトルを両手に持って下にたらし、背筋を伸ばしたまま、上体を45〜50度倒す。

上体を動かさないようにしながら、両肘をなるべく高く引き上げる。

⑥　ショルダープレス

●10〜15回を1セットとして3セット

●鍛える部位＝肩

足を肩幅に開いて立ち、肘を曲げて両手の握りこぶしを肩の横で構える。

ダンベルを頭上に持ち上げるイメージで、肘を伸ばして両腕を押し上げる。

⑦ アームカール

●10〜15回を1セットとして3セット
●鍛える部位＝腕

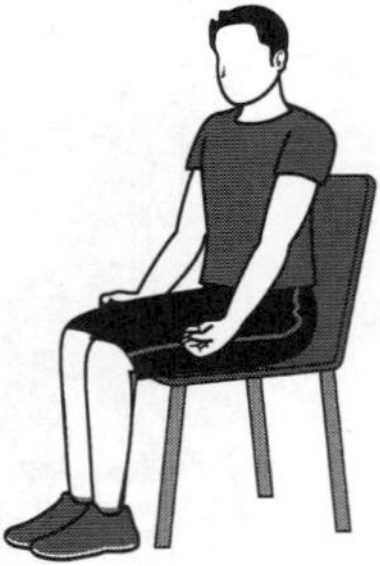

椅子にすわり、手のひらを上に向けて両手を太ももの横に置き、握りこぶしをつくる。

肘の位置を固定したまま、ダンベルを持ち上げるイメージでこぶしを肩の前まで上げ、もとにもどす。

⑧　リバースプッシュアップ

●5～10回を1セットとして3セット
●鍛える部位＝二の腕

安定のいい椅子を利用する。座面を背にして立ち、膝と肘を曲げて座面に手のひらをのせる。

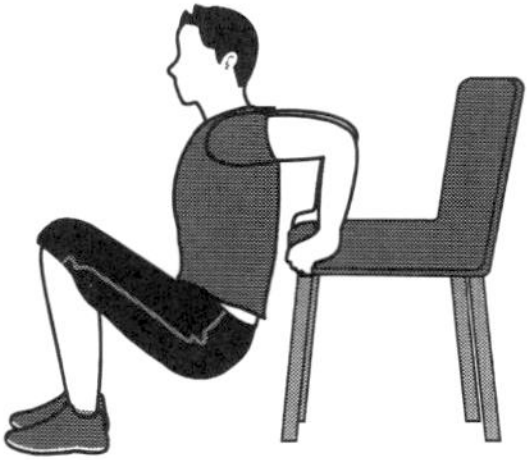

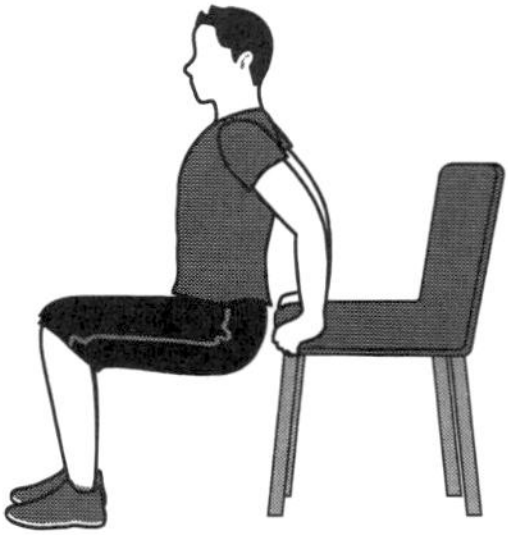

そのまま肘を伸ばして腰を上げ、肘を曲げて腰を落とす。

[PartII] 下半身トレーニング

① もも上げウォーキング（ウォーミングアップ）

● 3〜5分が目安

まっすぐに立ち、腕を大きく振って太ももを高く上げ、その場でゆっくり足踏みする。

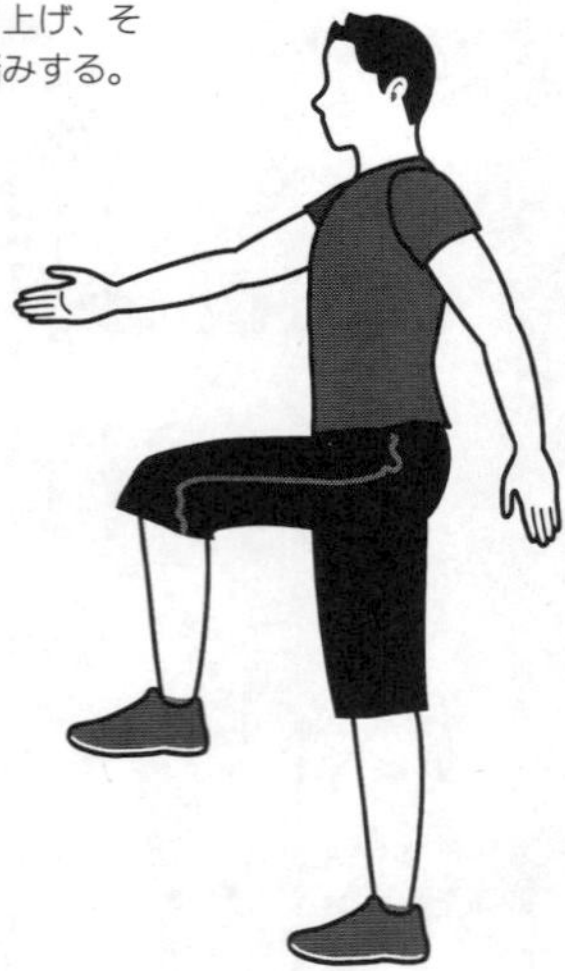

② スクワット

●10〜15回を1セットとして3セット
●鍛える部位＝太もも＋ヒップ

足を肩幅に開き、背筋を伸ばして立つ。両手は腰にあてる。

胸を張り、お尻を突き出すようにしてゆっくり腰を落とし、ゆっくりもとの姿勢にもどる。

③　レッグランジ

●10〜15回を１セットとして３セット
●鍛える部位＝太もも＋ヒップ

足をかるく開いて立ち、
両手を腰にあてる。

片足を大きく前に踏み込み、またもとの位置にもどす。左右とも行う。

④　カーフレイズ

●15〜20回を1セットとして3セット
●鍛える部位＝ふくらはぎ

背筋を伸ばし、
足を揃えて立つ。

足の裏全体を床につけた状態から、息を吐きながらゆっくりつま先立ちになり、息を吸いながらゆっくりかかとを下ろす。

第五章　誰も語らなかった、栄養と運動の関係

栄養と運動の関係を知ると効果倍増

健康的に美しくなるには、「栄養」が重要。

もちろん、同様に「運動」も重要な役割を果たします。

ところが、これらふたつの要素に、切っても切れない関係があることは、じつはあまり語られておらず、なぜか別々のものととらえられがちです。

同じトレーニングを行っても、食べているものによって、その効果に雲泥《うんでい》の差が生まれるとしたら、どうでしょう？

せっかく摂った栄養が、運動によって失われているとしたら、どうでしょう？

栄養と運動の密接な関係を知らないがゆえに、体のため、ダイエットのためと思ってしていることが、じつは体を痛めつけたり、期待している効果を発揮しなかったりすることがあるのです。

より早くより確実に、効果を実感する、そして見た目に変化を感じるダイエットを実現するためには、この関係をきちんと知ることが大切です。

「食事量を減らすと筋肉が落ちる」という事実

極度の肥満でない限り、理想のダイエットを行うには、食事の全体量は減らさないほうがいいと述べました。栄養と運動の関係を考えると、安易に食事量を減らすと、筋肉を減らしてしまって、かえって太りやすく痩せにくい体を自らつくり出してしまうことにもなりかねません。

食事の全体量を減らすということは、すなわち、タンパク質の量も減るということです。**タンパク質は、筋肉の材料。それが減ってしまうと、どんなに運動をしても、筋肉がつくられない……**せっかくの運動が無意味になってしまいます。

また、同様に、炭水化物や脂質の量も減ります。そうすると、エネルギー源が減ります。運動はエネルギーを使うので、当然、そのパワーが弱くなります。

同時に、**口からエネルギーが入ってこないと、体は本能的にエネルギーを使わないようにモードを切りかえます。体を守るために、できるだけ代謝を抑えようとするので、脂肪が燃焼されにくくなる**のです。

このように、筋肉がつくられない、脂肪は燃焼されない、という負のスパイラルを招いてしまうというわけなのです。

食事量のみならず、食事の内容、つまり栄養の摂り方は、運動と密接に関係しているのです。

トレーニング効果を最大にする栄養の摂り方

何も食べないで運動をすると、思うように動けなかったり、ふらふらしたりします。逆に、食べたあとすぐに運動をすると、おなかが痛くなったり、気持ち悪くなったりしますよね？　経験的に、なんとなく、食事の前後は運動を避けたほうがいいのだろうと思っている人は多いと思います。

でも、もっと突き詰めて、トレーニング効果と食事時間や食事内容との関係を考えたことはありますか？　同じようにトレーニングをしても効果が上がる人とそうでない人がいるのは、じつはその関係を知っているかいないかの違い。それを知ると、効果に劇的な差が生まれるはずです。

結論から言いましょう。**トレーニングを行う最低2〜3時間前、できれば4〜5時間前に食事を摂っておくのが理想**です。つまり、**栄養が全身の血液に行き渡った状態でトレーニングを行うと、その効果がもっとも上がる**のです。

それは、筋力トレーニングでも有酸素運動でも同じことです。

ところで、なぜ、栄養が全身の血液に行き渡った状態だと、トレーニング効果が最大限になるのでしょうか？

端的に言うと、栄養が行き渡った状態とは、体のすべての機能がその人にとって「理想的」な状態と言えます。つまり、人間として正常を保とうとする機能が高まるのです。

すると、血液も神経も末端まで届いているから、エネルギー源であるグリコーゲンや筋肉の材料であるアミノ酸が筋肉に取り込まれやすいし、必然的に成長ホルモンをはじめとするさまざまなホルモンが分泌されやすくもなります。

栄養が行き渡った状態は、筋肉をつけるにも、脂肪を分解・燃焼させるにも最高の状態なのです。

トレーニングと食事の関係について、わかりやすい例を挙げましょう。

平日、仕事を終えて、**午後7時にトレーニングをすると仮定すると、午後3～4時に軽食を摂っておくのが理想的**です。おそらく正午くらいに昼食を摂っているはずなので、その内容や量を考慮して、軽食の量を調整するのがいいでしょう。その場合、**筋肉の材料と、運動するためのエネルギーを確保することを考えて、タンパク質や炭水化物、ビタミン類などの栄養素がしっかり入っているもの、たとえばゆで卵などがいい**でしょう。そうすれば、トレーニングを行う午後7時くらいにはちょうど、血液中にその栄養素が行き渡っている状態で、最大限の効果が得られます。

もし、昼食以降、何も食べないで午後7時のトレーニングに臨んだらどうなるでしょう？　その場合、食事後7時間が経《た》っているので、間違いなく空腹状態。すると、ダイエットのためのトレーニングであるはずなのに、脂肪は燃焼されにくくなります。

車はガソリンがあるから、アクセルをしっかり踏めて、しっかりとした走りができる。逆に、ガソリンがないと、アクセルを踏んでもスピードもパワーも出ず、思うように走ることができません。

体も同じで、食事を摂って、エネルギーが体に充満して初めて、脳から「エネルギーを使っていいぞ」という指令が下り、代謝も上がるし、脂肪も燃焼するのです。空腹状態だと、生命維持のために体を守ろうとする防御機能が働き、エネルギーを消費しにくくなるということを覚えておいてください。

一方、食事後、すぐに運動をすると、全身で「血液の奪い合い」が起こります。食事が体に入ると、消化のために血液が胃に集まるために脳に血液が行かず、その状態で運動をすると、貧血を起こす場合があります。逆に、運動に意識を集中させることにより、本来は胃に行かなければならない血液が筋肉に行ってしまって、胃に血液が不足し、消化不良を起こす場合もあるでしょう。

同じ運動をするなら、効率的に、しかもマックスに効果を得たいもの。そのためには、食べる時間、食べるものがとても大切なのです。

トレーニング後の栄養補給のポイント

トレーニングをしたあとの食事の摂り方も、ダイエットの効果を大きく左右します。

まず、食事の時間。

「一日3食型」の場合、午後7時にトレーニングを行うのであれば、夕食は何時に何を摂るのがいいのでしょう？

本書で紹介するトレーニングはそれほど激しいものではないので、トレーニングを終えてすぐに食事を摂っても差し支えないと思います。**30分程度の筋力トレーニングを終えて、午後7時半くらいから夕食、その後、30分程度休んでから、お風呂に入って有酸素運動を兼ねる、というのが理想的なパターン**です。

お風呂に入るときには、筋トレ後、およそ1時間が経過していますが、筋トレで分泌された成長ホルモンの脂肪分解作用は2～3時間は続くので、その間の入浴は脂肪燃焼効果があるのです。

次に、食事の量。

トレーニング後の夕食は、少なめに抑えましょう。

トレーニングをしたからと、「その分、たっぷりと栄養を補給しよう」とか、「多少食べすぎてもいいだろう」では、せっかく運動をしたのに帳消しになってしまいます。それどころか、脂肪として体にため込んでしまう可能性があるので、注意しましょう。

お酒も同様です。筋力トレーニングのあとののどの渇きにはビールが最高！　などという声も聞こえてきそうですが、それもほどほどに抑えたいものです。

そして、食事の内容。

筋力トレーニングをすると、タンパク質が失われますので、タンパク質を多めに補給するメニューがいいと思います。

また、**運動をすればするほど、エネルギーを使えば使うほど、ビタミンやミネラルも消費されます。野菜や果物などで補いましょう。**

必要以上のエネルギーをため込まないよう、炭水化物は少なめにするのが賢明です。

なお、トレーニング後は、筋肉に血液が集中しているために、消化・吸収機能が鈍りがち。できるだけ油っこい食材や調理法は避けて、あっさりしたものを食べましょう。

効果を最大限にする食事バランス

目標を掲げて理想の体型に近づけるためには、できるだけ計画的に、そして規則的にプログラムを組んで実践するのが早道です。

私が理想とするプログラム例について、「一日3食型」のトレーニングを行う日と行わない日の2パターンに分けて、お話ししましょう。

まず、「トレーニングを行う日」のプログラムから。

午前6時に起床、トレーニングを午後7時、就寝を夜中の12時と仮定すると、午前6時半に朝食を摂ります。炭水化物：タンパク質：脂質＝60パーセント：30パーセント：10パーセントの割合で、量はたっぷり食べましょう。

昼食は正午くらいに、炭水化物：タンパク質：脂質＝50パーセント：40パーセント：10パーセントの割合で、これもたっぷり食べてかまいません。

朝食、昼食と、炭水化物の比率が比較的高いのは、日中の活動のエネルギー源を確保するため。炭水化物を多めに摂っても、エネルギーとして使いきってしまうので、余分な体脂肪として蓄積されず、しかも体を代謝しやすい状態にすることができるからです。

そして、トレーニングを行う時間から逆算して、最大限の効果を引き出すために、午後3時から4時の間に軽食を摂ります。軽食の三大栄養素の理想的な比率は、炭水化物：タンパク質：脂質＝40パーセント：50パーセント：10パーセントの割合。昼食をたっぷり摂っているので、軽めにしておいたほうがいいでしょう。

朝食、昼食に比べてタンパク質の割合が多いのは、筋肉の材料を取り入れるため。トレーニングをする時間に全身にタンパク質が行き渡っているようにするために、ここでは少し多めに摂っておきます。

午後7時にトレーニング、午後7時半に夕食。これは、炭水化物：タンパク質：脂質＝30パーセント：60パーセント：10パーセントの割合で、トレーニング効果と就寝時間を考えて、極力少なめにしましょう。

筋力トレーニングをしたことによってタンパク質を消費していますので、その分を補うためにタンパク質の比率を高めにします。また、夕食後は活動が少ないので、エネルギー源である炭水化物は控えめにしてください。

次に、「一日3食型」の「トレーニングを行わない日」のプログラム。

午前6時半に朝食、正午に昼食、夕食は午後6時くらい。夕食を6時に摂るのが無理でも、なるべく早く摂りましょう。炭水化物、タンパク質、脂質の割合は、トレーニングを行う日の3食と同比率でいいと思いますが、軽食を摂らない分、夕食はトレーニングを行う日よりも多めに摂っていいでしょう。

このプログラムを忠実に守れば、1ヵ月、3ヵ月と続けるうちに、自然に変化が訪れるはず。しかも、とても体調がよくなり、健康になると思います。

ただ、この比率をあまり気にしすぎると、面倒になって、長続きしない可能性もあります。まずは1週間から、自分の目標に合わせて、気長にトライしてみましょう。

「一日2食型」の理想的な食事バランス

「一日2食型」の場合は、「一日3食型」に比べて、食事回数が少ない分、非常にシンプルです。食事回数が少ないということは、エネルギーを2回しか補給できないということなので、あまり細かく調整せずに食事を摂れるのです。

一日2食型の人は、基本的に夜型の生活だと思うので、トレーニングを行う時間を午後9時と仮定します。

トレーニングを行う日も行わない日も、食事の時間は、朝食は午前9時、夕食は午後4時ぐらいがいいでしょう。もちろん、それぞれ生活パターンが異なると思いますので、時間に関しては、働き方やライフスタイルに応じて調整してください。

三大栄養素の理想的なバランスは、朝食、夕食ともに、炭水化物：タンパク質：脂質＝60パーセント：30パーセント：10パーセント。2回しか食事がない分、その間のエネルギーが必要なので、炭水化物の比率を高めに設定したほうがいいと思います。

より早く痩せたいという目標がある人は、夕食の比率を炭水化物：タンパク質：脂質＝50パーセント：40パーセント：10パーセントに調整します。また、トレーニングをしない日は必要なエネルギーが少ないので、炭水化物の量を減らしてもいいでしょう。ご飯の量を、トレーニングをする日の8〜9割に抑えるといった具合です。

午後4時にたっぷりと夕食を摂るので、時間的には午後9時のトレーニング時に栄養が行き渡った状態になっているはずです。したがって、あえてトレーニングのために軽食を摂る必要はありません。もし、どうしてもおなかがすくようであれば、トレーニング前にぶどう、みかん、いちご、りんごなどフルーツを少しつまみましょう。

また、とくにトレーニングを行ったあとは、空腹を感じることもあると思います。寝るまでの時間をあまり確保できないので、その場合も、果物を夜食として摂るのがいいでしょう。

朝のジョギングは危険!?

「朝早く起きて、気持ちのいい時間に散歩をしてから、ゆっくり朝食を摂ります」

最近、朝の時間を有効に、そして豊かに過ごす人が増えているといいます。

言葉だけをとらえると、とても健康的なように聞こえますが、これほど危険な行為はないと、私は思っています。今すぐ、間違った習慣を改めないと、いずれとり返しのつかないことになる、とさえ思っているのです。

「ジョギングの神様」と呼ばれている、ジム・フィックスさんをご存じでしょうか？ずいぶん前の話になりますが、ジョギングの提唱者として一大ブームを巻き起こした彼は、朝ジョギングを行っている最中に心筋梗塞を起こして亡くなりました。おそらく、業界のみならず、世界的にショッキングな出来事だったはずです。健康のためにジョギングを続けていたはずなのに、それが原因で命を落としてしまうなんて……そんな悲惨なことは、絶対に避けなければなりません。

ジョギングもウォーキングも、誰もがいつでもどこでもできるという気楽さや手軽さからか、あまり「負」の側面は伝えられていませんが、どちらも、れっきとした運動です。少なからず、心臓はもちろん、体の各部位に負担を強《し》いるものだという認識をもたなくてはなりません。

朝起きてすぐに、しかも何も食べないで運動するなんて、たとえるならば、戦闘服も着ないで、武器も持たず、戦闘態勢を整えないままで戦いに臨むようなもの。それほど、無謀なことなのです。

とくに、夜、健康的な食事をした人、つまり、食事をしてから寝るまでに胃が食べ物を完全に消化するまで充分な時間をとってから眠りについた人ならば、その時点ですでに空腹。ですから、朝は当然、胃は空っぽ、体にはエネルギーがまったくない状態で目覚めるはずです。

それは、決して運動できる状態ではありません。そのまま運動したのでは、ガソリンタンクにガソリンをまったく入れていないのに、無理やり絞り出して車を動かすようなもの。ガソリンがないと車が止まってしまうように、体もエネルギーがないと、本能的に動かさないようにと反応してしまいます。**運動の効果が上がらないどころか、ひどい場合には、心不全、心筋梗塞など、突然死の危険がある**のです。

睡眠中は、当然のことながら、細胞も眠っています。そして、眠りが深ければ深いほど、長ければ長いほど、細胞は目覚めるのに時間を要します。いちばん早いとされる消化器系でさえ、目覚めるのに1時間から1時間半程度、もっとも時間がかかるとされている筋肉に至っては、最低3時間以上かかると覚えておきましょう。

朝、食事を摂らない限り、細胞は目覚めません。朝食を摂って初めて、体温も免疫力もアップして「戦闘態勢」になるのです。

それでも、**朝、ジョギングやウォーキングなどの運動をしたいという人は、すぐエネルギーに変わる、蜂蜜や黒砂糖などを補給してから行うのが効果的**です。

栄養を摂らないで運動をすることの怖さを、今一度、自覚してほしいと思います。

体温を上げると運動効果が上がる！

基礎体温は、エネルギー代謝に大きく影響を与えると知っていましたか？

最近、とくに女性に多く見られる「低体温」傾向が広く語られるようになりましたが、それは健康にはもちろん、ダイエットという視点でも悪影響を及ぼします。

基礎体温の高低は、基礎代謝量と比例します。**基礎体温が1℃下がると、基礎代謝量が10パーセントも低下する**と言われており、**それだけ太りやすく痩せにくい体になる**ということになります。また、**エネルギー代謝に関わるさまざまな酵素は、低体温だとうまく働かない場合があるので、その点でも脂肪の分解や燃焼がなされにくい**と言えるでしょう。

同時に、基礎体温が低い人より高い人のほうが、同じ運動をしても、得られる効果は断然高いのです。なぜなら、同じ運動をしても基礎体温の高い人のほうが体温が上がりやすく、体温を下げるために発汗する代謝エネルギーも多いのです。

健康のためにも、そして運動効果を最大限に引き出すためにも、基礎体温を上げる必要があります。理想は、36・5℃程度です。中でも35℃台の人は、注意が必要。なるべく36℃台にする努力が必要でしょう。

では、そのためにはどうしたらいいのでしょうか？

まず、**タンパク質を多めに摂ることをおすすめします。**基礎体温を上げるには、基礎代謝量を増やすこと、できるだけ筋肉を増やす必要があります。その筋肉の材料としてタンパク質が不可欠だからです。さらには、タンパク質は消化・吸収の過程がより複雑なので、体に負担がかかることによって、代謝が高まります。欧米人が日本人に比べて体温が高いのは、タンパク質を多く摂取しているためです。

また、運動する前に温かい飲み物を飲んだり、運動時は発汗を高めるような状況をつくったりするといいと思います。朝、熱めのシャワーを浴びることを習慣づけるのも効果的でしょう。

ダイエットは継続してこそ意味がある

「きれいになりたい」「健康になりたい」という動機で、人はダイエットを決意します。すると、それまで無頓着《むとんちゃく》だった「栄養」を意識して食生活を見直したり、面倒だった運動を一念発起して始めたりと、それまでの自分と「変わる」はずです。

ダイエットは、健康でよりよい人生への第一歩に違いありません。

ところが、瘦せるまでの「一時的なもの」ととらえられがちなのは、なぜなのでしょうか？　早く目的を達成した人ほど、「それ以前の自分」に戻ってしまう人が多いように思うのです。

健康な体、美しい体とは、一瞬のものではないはずです。生きている限り、ずっと保ち続けなくてはならないものだと思うのです。

私が言う「本物のダイエット」とは、瘦せることだけが目的ではありません。肉体と精神を健やかに美しく保って、若々しく人生を楽しむために一生続けてほしい「習慣」なのです。これを実践すれば、きっとあなたは二度と太ることはないはずです。

本物のダイエット
栄養と運動のプログラム

次ページから、筋肉をつけながら脂肪だけを落とし、理想の体を手に入れるためのプログラムを、「一日３食型」「一日２食型」のトレーニングを行う日と行わない日に分けて、それぞれ１例ずつ紹介します。ライフスタイルに応じて、継続しやすいようにアレンジしてください。

●「継続すること」を目的に、調理の負担を軽くするよう、食事は１日分のおかずをまとめて調理する方法を提案しています。
●できれば、塩は岩塩などの自然塩、砂糖は黒砂糖を使用するのがおすすめです。ダイエットに必要なミネラルを摂取することができます。
●毎朝、朝食前の同じ時間に体重を測定しましょう。３～４日単位で見直して、体重の変動に応じて炭水化物（ご飯）の量を調節します。

「一日3食型」の
トレーニングを行う日のプログラム

6：30 朝食…

炭水化物：タンパク質：脂質＝60：30：10
ご飯、けんちん汁、卵焼きまたは目玉焼き（卵2個分）、野菜炒め（キャベツ、しいたけ、にんじん、ピーマン）、湯豆腐、果物

12：00 昼食…

炭水化物：タンパク質：脂質＝50：40：10
焼き魚定食（家で食べる場合はこれに準ずる）
果物

15：00〜16：00 軽食…

炭水化物：タンパク質：脂質＝40：50：10
低脂肪チーズ、ハム、レタス、食パン（1枚）

19：00 トレーニング

19：30 夕食…

炭水化物：タンパク質：脂質＝30：60：10
ご飯、けんちん汁、卵焼きまたは目玉焼き（卵2個分）、めざし焼き、ほうれんそう炒め、おろし大根

「一日3食型」の
トレーニングを行わない日のプログラム

6：30　朝食…

炭水化物：タンパク質：脂質＝60：30：10
ご飯、しじみのみそ汁、卵焼きまたは目玉焼き（卵2個分）、焼き塩鮭、ほうれんそうのお浸し（削り節をかける）、果物

12：00　昼食…

炭水化物：タンパク質：脂質＝50：40：10
焼き魚定食（家で食べる場合はこれに準ずる）
果物

18：00　夕食…

炭水化物：タンパク質：脂質＝30：60：10
ご飯、しじみのみそ汁、卵焼きまたは目玉焼き（卵2個分）、焼き塩鮭、ほうれんそうのお浸し（削り節をかける）

「一日2食型」の
トレーニングを行う日のプログラム

9：00 朝食…

炭水化物：タンパク質：脂質＝60：30：10
ご飯、豆腐とわかめのみそ汁、卵焼きまたは目玉焼き（卵２個分）、ささ身焼き（塩・こしょうまたはしょうゆをかけて）、納豆、お新香、果物

16：00 夕食…

炭水化物：タンパク質：脂質＝60：30：10
ご飯、豆腐とわかめのみそ汁、卵焼きまたは目玉焼き（卵２個分）、ささ身焼き（塩・こしょうまたはしょうゆをかけて）、ほうれんそうのお浸し（削り節をかける）

間食…果物

21：00 トレーニング

「一日2食型」の
トレーニングを行わない日のプログラム

9：00 朝食…

炭水化物：タンパク質：脂質＝60：30：10
ご飯（量はトレーニングをする日より少なめ）、あさりのみそ汁、卵焼きまたは目玉焼き（卵2個分）、かじきまぐろの照り焼き、おろし大根とじゃこ、わかめときゅうりの酢の物、果物

16：00 夕食…

炭水化物：タンパク質：脂質＝60：30：10
ご飯（量はトレーニングをする日より少なめ）、あさりのみそ汁、卵焼きまたは目玉焼き（卵2個分）、かじきまぐろの照り焼き、おろし大根とじゃこ、わかめときゅうりの酢の物、果物

おわりに

本書に書いた内容は、私自身の半世紀近くにわたるトレーニングと食事の実践経験から生まれたダイエットの知恵です。どうしたら筋肉がつくか、皮下脂肪がカットできるか、どうしたらシェイプされた体を維持できるかと、長い間、自己との闘いを続けてきた過程と、そこから得た〝真実〟をまとめました。

人間の第一の欲望は食欲です。食欲を制することは、並大抵の努力ではかないません。しかし、ダイエット成功の秘訣は食事が全体の8割を占めると言っても過言ではありません。それゆえに、日常生活でいかに負担のかからない、適切な食事のスタイルを築き上げていくかが重要です。まずはチャレンジ。できることから始めて、時間をかけて自分なりのスタイルをつくっていってください。

一方、運動は人間にとって不可欠で、人間の体は一生、身体運動を続けていかなくてはならない生理学的構造になっています。

食事は一生食べ続ける。運動は一生行う。そして休養をうまく取り入れる。すなわち、食事と運動と休養のバランスが、ダイエット成功の鍵となるのです。

最後に読者のみなさんに伝えたいことは、第一に食べることの喜び、第二に体を動かすことの嬉しさ、このふたつの要素が真の健康をつくり上げるということです。すばらしい健康な体には、人にとっての生きる喜びが満ちあふれています。ぜひ、ご自身の体でそのことを実感してください。

２０１４年４月

佐藤義昭《さとうよしあき》

本書は2009年4月に小社より刊行された『誰も教えなかった本物のダイエット』を、文庫収録にあたり、改題し、改筆したものです。

佐藤義昭－1948年、東京都に生まれる。日本加圧トレーニング学会会長。一般社団法人日本加圧医療学会会長。医学博士。WHO医師。
1966年に加圧トレーニングを発明し、自身の体を実験台にして研究を重ね、加圧トレーニングのノウハウを確立する。加圧トレーニング法で日本、アメリカ、ヨーロッパほか世界各国で特許を取得。東京大学医学部附属病院、中国国家体育総局体育科学研究所、中国吉林大学医学部などと共同研究し、最先端医療における加圧トレーニングの研究開発事業を進めている。2009年、スリランカに加圧国際大学を設立し、学長に就任。同年、エルサレムの聖ヨハネ騎士団・勲爵士に叙任され、Sirの称号を授与される。2013年、NAI（米国国家発明家アカデミー）フェローに選出される。2014年、ハーバードメディカルスクールに加圧リサーチセンターが設立され、チェアマンに就任し、さまざまな分野における加圧トレーニングの研究を進める。

講談社+α文庫 本物《ほんもの》のダイエット
――二度と太らない体のつくり方
佐藤義昭《さとうよしあき》

2014年 4 月21日第 1 刷発行

発行者――鈴木 哲
発行所――株式会社 講談社
東京都文京区音羽2-12-21 〒112-8001
電話 出版部(03)5395-3529
販売部(03)5395-5817
業務部(03)5395-3615
カバー写真――渡辺充俊（本社写真部）
デザイン――鈴木成一デザイン室
イラスト――中川原透
カバー印刷――凸版印刷株式会社
印刷――慶昌堂印刷株式会社
製本――株式会社千曲堂

落丁本·乱丁本は購入書店名を明記のうえ、小社業務部あてにお送りください。送料は小社負担にてお取り替えします。なお、この本の内容についてのお問い合わせは生活文化第二出版部あてにお願いいたします。
Printed in Japan ISBN978-4-06-281552-9
定価はカバーに表示してあります。

講談社+α文庫 ©生活情報

ハッピープチマクロ 10日間でカラダを浄化する食事
西邨マユミ
歌手マドンナをはじめ、世界中のセレブが実践。カラダの内側から綺麗になる魔法の食事
562円 C 165-1

冷蔵庫を片づけると時間とお金が10倍になる!
島本美由紀
冷蔵庫を見直すだけで、家事が劇的にラクになり、食費・光熱費も大幅に節約できる!
590円 C 166-1

履くだけで全身美人になる! **ハイヒール・マジック**
マダム由美子
ハイヒールがあなたに魔法をかける! エレガンスを極める著者による美のレッスン
552円 C 167-1

生命保険の罠 保険の営業が自社の保険に入らない、これだけの理由
後田 亨
元日本生命の営業マンが書く「生保の真実」。読めば確実にあなたの保険料が下がります!
648円 C 168-1

5秒でどんな書類も出てくる「机」術
壷阪龍哉
オフィス業務効率化のスペシャリスト秘伝の、仕事・時間効率が200%アップする整理術!
667円 C 169-1

クイズでワイン通 思わず人に話したくなる
葉山考太郎
今夜使える知識から意外と知らない雑学まで、気楽に学べるワイン本
648円 C 170-1

頭痛・肩こり・腰痛・うつが治る「枕革命」
山田朱織
身体の不調を防ぐ・治すための正しい枕の選び方から、自分で枕を作る方法まで紹介!
590円 C 171-1

実はすごい町医者の見つけ方 病院ランキングでは分からない
永田 宏
役立つ病院はこの一冊でバッチリ分かる! タウンページで見抜けるなど、驚きの知識満載
600円 C 172-1

極上の酒を生む土と人 大地を醸す
山同敦子
日本人の「心」を醸し、未来を切り拓く、新時代の美酒を追う、渾身のルポルタージュ
933円 C 173-1

一生太らない食べ方 脳専門医が教える8つの法則
米山公啓
専門家が教える、脳の特性を生かした合理的なやせ方。無理なダイエットとこれでサヨナラ!
571円 C 174-1

*印は書き下ろし・オリジナル作品

表示価格はすべて本体価格(税別)です。本体価格は変更することがあります